EINE LITERATUR, DIE NACH ASCHE SCHMECKT

Die indoarischen Siedler des Himalaya lehrten die Stammesvölker mit ihren rein mündlichen Traditionen die Achtung vor der Schrift. Die ersten Texte in altem Nepali gehen auf das Malla-Reich zurück, das im 13. und 14. Jahrhundert im Westen des Landes entstand. Man kann sich leicht vorstellen, dass die Eroberer die Schrift als machtvolles Zeichen ihrer militärischen und kulturellen Überlegenheit nutzten und die analphabetische Bevölkerung mit ihren Texten, diesen mit Buchstaben, Ziffern und bunten Abbildungen bedeckten Papierrollen, beeindruckten.

Vermutlich war es nicht nur das in diesen undeutbaren Zeichen verborgene Wissen, sondern vielleicht ebenso sehr die neue, noch seltene Technik, das geschriebene Objekt als solches, das ihre Aufmerksamkeit wie ein geheimer Schatz fesselte und ihnen Achtung einflößte. Aber übt nicht auch auf uns selbst heute noch eine mit unbekannten Zeichen bedeckte Seite, ein Code, dessen Schlüssel wir nicht kennen, eine geheimnisvolle Faszination aus und erfüllt uns mit Ehrfurcht? Das von einem astrologiekundigen Brahmanen erstellte Horoskop etwa wurde von seinem des Lesens nicht mächtigen Besitzer an einem besonderen Ort des Hauses sorgfältig aufbewahrt. Sein Schicksal war dort beschlossen.

DAS VON DEN GÖTTERN ERWÄHLTE OBERHAUPT

Es wäre aber weit gefehlt zu glauben, dass Völker ohne Schrift keine Traditionen hätten, auch wenn sich diese natürlich im Laufe der Zeit verändern. Wer die soziale und religiöse Organisation jener Gemeinschaften aus einer gewissen Distanz betrachtet, stellt fest, dass sie zwischen zwei Polen schwankt. Der eine geht in Richtung einer vermehrten Spezialisierung bestimmter Rollen; der andere führt dagegen zu einer Verarmung von Funktionen: Sie geraten in Vergessenheit, bis neue Aufgaben oder aber alte in verwandelter Form an ihre Stelle treten.

So war es etwa in frühesten Zeiten die Aufgabe des Stammesoberhaupts, seine Gruppe bei der Suche nach neuem Land, das sich zur Brandrodung eignete, anzuführen. Aber seine Fähigkeiten als Ackerbauer und Jäger, die das Wohlergehen der Seinen sicherstellten, hatten für diese ebensoviel mit Magie wie mit Sachverstand zu tun, ohne dass sie das eine mit dem anderen verwechselt hätten. Menschen, die in enger Abhängigkeit von der Natur leben, kennen deren Geheimnisse gut genug, um in ihr ganz rational ihr Überleben zu sichern. Trotzdem unterwirft sich nach ihrer Auffassung die Natur nur demjenigen, den die unsichtbaren Geister oder Götter erwählt haben, die in ihr wohnen. In diesem Sinne ähnelt das Stammesoberhaupt dem Schamanen, der die Macht hat, Kranke zu heilen und in einem allgemeineren Sinne harmonische Beziehungen zwischen den Menschen und den übernatürlichen Wesen herzustellen, seien es Geister oder die Ahnen, die über das Leben auf der Erde herrschen.

Nordost-Nepal, 1980. Ein Lama trinkt mit einem Bambusrohr *tongba*. Das Maisbier ist eine Spezialität dieser Gegend.

Als später das Stammesoberhaupt an der Spitze einer Gesellschaft von sesshaft gewordenen Ackerbauern innerhalb eines kleinen Königreichs stand, wurden seine Funktionen erblich und immer mehr vom Herrscher definiert, dessen Statthalter er war. Als er noch später zum Bürgermeister einer Gemeinde innerhalb der Nation wurde, war seine spirituelle Rolle gänzlich verschwunden. Er erhob

Statuette eines trommelschlagenden Schamanen (Westnepal)

keinen Anspruch mehr darauf, Auserwählter der Götter zu sein. Die Beziehungen zum Übernatürlichen, für die er neben dem Schamanen zuständig war, wurden jetzt zum ausschließlichen Aufgabengebiet des Letzteren, genauer – wie dies oft bei den tibetobirmanischen Bevölkerungsgruppen des Himalaya der Fall ist – von zwei Typen von Schamanen, dem Stammespriester und dem Medium.

STAMMESPRIESTER UND MEDIUM

Für den Ethnologen ist es oft nicht einfach, die Aufgabenbereiche der beiden Personen zu differenzieren. Ersterer kann als Hüter der mündlichen Traditionen betrachtet werden, aus denen seine Gruppe ihre Orientierung in Raum und Zeit gewinnt. Die Ursprungsmythen enthalten Berichte über die Wanderungen der Vorfahren, legen ein bestimmtes Menschenbild dar und schaffen die Grundlage für das rituelle Leben. Das Medium dagegen unterhält eine persönliche Beziehung zu den Ahnen und seinem Schutzgeist; mit ihrer Hilfe und nach einer oft sehr langen Initiation kann er das verborgene Antlitz der Welt wahrnehmen. Er spürt unsichtbare Zauberinnen auf, die ihr unheilvolles Wesen treiben, und erkennt eine Verstimmung der Naturgeister, die von unachtsamen Jägern gestört wurden, oder von Ahnen, deren Nachkommen sich nicht mehr um sie kümmern. Es scheint, dass man die sichtbare Welt verlassen muss, um sie ordnen und die geheimen Motive der Menschen aufdecken zu können.

Beide Spezialisten sind in gleicher Weise befähigt, direkt mit den übernatürlichen Wesen in Kontakt zu treten. Rituelle Gesänge erzählen von der Seelenreise der Heiler, welche die Seelen der Toten ins Land der Vorfahren begleiten oder im Austausch gegen Tieropfer die Seelen von Kranken zurückholen. Solche rituellen Inszenierungen zeichnen sich bisweilen durch eine ausgeprägte Dramatik und Lebendigkeit aus, die die Zuschauer in ihren Bann ziehen. Vor ihren Augen verwandelt sich der Schamane in ein Wildschwein, eines seiner Helfertiere, und durchwühlt auf der Suche nach der verlorenen Seele grunzend den Boden. Diese kehrt in Gestalt eines Insekts zurück, das gefangen und wieder in den Körper des Kranken eingesetzt wird. In Gemeinschaften mit stark hinduistischer Prägung wird die Reise lediglich in nicht enden wollenden Gesängen erzählt, die jegliche dramatische Intensität verloren haben. Der »schlummernde Schamane« hat das Vertrauen in seine Macht verloren. Darüber hinaus muss er heute die rituelle Bühne mit dem Priester einer der beiden vorherrschenden Religionen teilen, dem Brahmanen oder dem Lama.

SCHAMANEN, BRAHMANEN UND LAMAS

Eines Tages beschlossen ein Lama, ein Brahmane und zwei Gurung-Schamanen, der Khlibri und der Paju, einen Wettkampf auszutragen, um herauszufinden, welcher von ihnen der Mächtigere sei. Es wurde vereinbart, dass die Verlierer ihre Bücher verbrennen und ihre Trommeln entzwei schneiden müssten. Der Wettkampf bestand darin, am nächsten Morgen den Manasarovar-See am Fuße des Kailas zu erreichen, ehe ihn die ersten Sonnenstrahlen bescheinen würden. Während der Lama und der Brahmane die ganze Nacht meditierten, traten die Schamanen schon am Abend auf ihren Trommeln die Reise an. Die Morgendämmerung fand den Lama und den Brahmanen in Meditation. Unverzüglich setzten sie sich auf einen Strahl der aufgehenden Sonne und erreichten den See zur selben Zeit wie das Licht des Tagesgestirns. Die Schamanen kamen nur einen Augenblick später an, hatten aber die Wette verloren. Sie verbrannten ihre Bücher und zertrümmerten ihre Trommeln. Deshalb ist ihr Instrument heute nur auf einer Seite mit Fell bespannt, die Trommel des Lama dagegen auf beiden.

Diese Geschichte wurde von Bernard Pignède wiedergegeben, der Ende der fünfziger Jahre als erster Ethnologe bei den Gurung lebte. Sie ist eine lokale Adaptation einer berühmten tibetischen Legende. Danach sollen im 12. Jahrhundert der Lama Milarepa und der Bönpo Naro Bhun Chon einander zu einem magischen Wettkampf um die Macht über den heiligen Berg Tise (Kailas) herausgefordert haben. Der Bönpo musste sich schließlich geschlagen geben, und seine Trommel wurde gespalten. Derartige Berichte, die sich um jenen Berg und seine Wunder ranken, spiegeln den Kampf um die politische Vorherrschaft in der Region wider.

DIE BÖNPO

Die meisten Tibeter betrachten Bön als die ursprüngliche Religion des Landes vor der Ankunft des Buddhismus beziehungsweise dessen Einführung durch Kaiser Trisong Detsen im 8. Jahrhundert. Man muss allerdings zwischen der alten Volksreligion, mehreren lokalen Religionssystemen schamanistischer Prägung und dem Bön unterscheiden, der sich zwar vom Buddhismus abgrenzt, sich aber trotzdem weitgehend mit diesem deckt. Bön und Buddhismus haben sich bis zum 14. Jahrhundert in ständigem Austausch wie auch in Opposition zueinander entwickelt.

In Krisenzeiten wurde der Himalaya stets zum Zufluchtsort für Verfolgte. So auch Ende des 8. Jahrhunderts, als die Bönpo vor die Wahl gestellt waren, entweder aus Zentraltibet zu fliehen oder den neuen Glauben anzunehmen, wie es im »Kostbaren Schatz der Guten Worte, des wohltätigen Regens für den Weisen« berichtet wird: »Die Priester übertrugen die Bön-Texte mit roter Tinte auf weiße Baumwolle; andere schrieben mit schwarzer Tinte in chinesischer und tibetischer Sprache auf farbiges Papier. Wenn keine Zeit mehr blieb, die Texte zu übertragen, versteckten sie sie vor dem König.« Die Bön-Priester »beluden Wölfe, Tiger und Leoparden mit magischen und divinatorischen Texten und verließen das Land«, und sie zerstreuten sich in alle Winde. Einige gingen nach Balpo Seri, das die Historiker südlich von Mustang im nepalesischen Kali-Gandaki-Tal lokalisieren.

EIN HINTERGRÜNDIGER SCHLUSS

Kehren wir zum Gurung-Bericht zurück. Die Stelle des Bönpo in der tibetischen Version des Wettkampfs nehmen hier der Paju und der Khlibri ein. Diese Angleichung zwischen den beiden Typen religiöser Führer, Schamane und Bönpo, hat zwar keine historische Grundlage, ist aber bei den

Stammesvölkern unter tibetischem Einfluss weit verbreitet. Man muss das Ende der Geschichte kennen, wie sie von dem Paju erzählt wird, um die ambivalente Lage zu verstehen, die sich hieraus entwickelte: Vor der Asche seiner Texte sitzend, hörte der Schamane eine göttliche Stimme, die ihn aufforderte, die Rituale fortan aus dem Gedächtnis durchzuführen. Also verspeiste er die Asche seiner Bücher, und seitdem singt er die Lieder bei den Zeremonien auswendig, während der Lama seine Texte lesen muss.

In der Volksfantasie gibt diese Situation seit jeher Anlass für Scherze und Spötteleien. Vor der Durchführung des Exorzismusrituals etwa müssen heimlich die Schutzgeister angerufen werden. Doch wie können die Lamas lesen, wenn es dunkel ist? Was würde geschehen, wenn die Schutzgottheit des Paju die Bücher der Priester stehlen würde? Sie wären ihrer Macht beraubt! Schriftlich festgelegtes Wissen verliert zudem seine Macht, wenn es unterschiedslos jedem zugänglich wird, der lesen kann. Der Schamane dagegen hütet seine Geheimnisse, die ihm von seinen Meistern übertragen wurden. Dies können im Falle einer langen Initiation Menschen oder aber übernatürliche Wesen sein, die im Traum erscheinen.

Die Schlusswendung, mit der die Gurung über ihre Niederlage gegenüber den schriftlichen Religionen berichten, ist also recht geschickt. Damit wird die Schrift nicht vollständig verworfen, weil auch die Schamanen über alte Texte verfügen, durch die sie den Lamas und Brahmanen gegenüber als gleichberechtigt erscheinen. Aber sie wird in eine rituelle Substanz verwandelt, die sie allein besitzen, die sie sogar in sich aufgenommen haben. Eine geschickte Wendung, durch die sich die Situation zu ihren Gunsten verändert.

MENSCHLICHER AUSTAUSCH

Alle Religionen verheißen Beistand gegen das Übel. Krankheit, Tod, der demütigende Verlust des Ansehens und Missernten sind schwer erträgliche Ereignisse, deren Ursache zudem oft verborgen bleibt. Hier bieten Priester Erklärungen und Lösungen an. Während die Heilsreligionen die Ursache für ein Problem im Lebenswandel des Betreffenden suchen, sieht die Gemeinschaft, die sich um ein in Not geratenes Mitglied versammelt, keinen anderen Ausweg, als die gemeinsamen Bande weiter zu festigen.

Die buddhistischen Weisen empfehlen, sich aus dem leidvollen Kreislauf der Wiedergeburten durch Meditation über die Vergänglichkeit des Lebens zu befreien. Die Anhänger der Volksreligionen dagegen versuchen, ihren Schmerz über den Tod eines Verwandten, der eine Lücke in das Netz der sozialen Beziehungen reißt, durch den Austausch von Geschenken zu lindern. Ein Begräbnis etwa ist immer Anlass zur Bekräftigung der ehelichen Bande als Garant des Fortbestands der Linie, der durch den Tod eines ihrer Mitglieder bedroht ist. Letztlich reagieren wir in unseren modernen Gesellschaften kaum anders; wer allein mit solchen Prüfungen fertig werden muss, tut dies niemals aus freiem Willen. Der Austausch, ob man ihn nun als Grundbedürfnis oder aber als Zwang auffassen will, ist ein Leitmotiv in den zwischenmenschlichen Beziehungen, aber auch in den Beziehungen zwischen Mensch und Natur und den unsichtbaren Wesen, die über diese herrschen.

उपचार
EYE CAMP

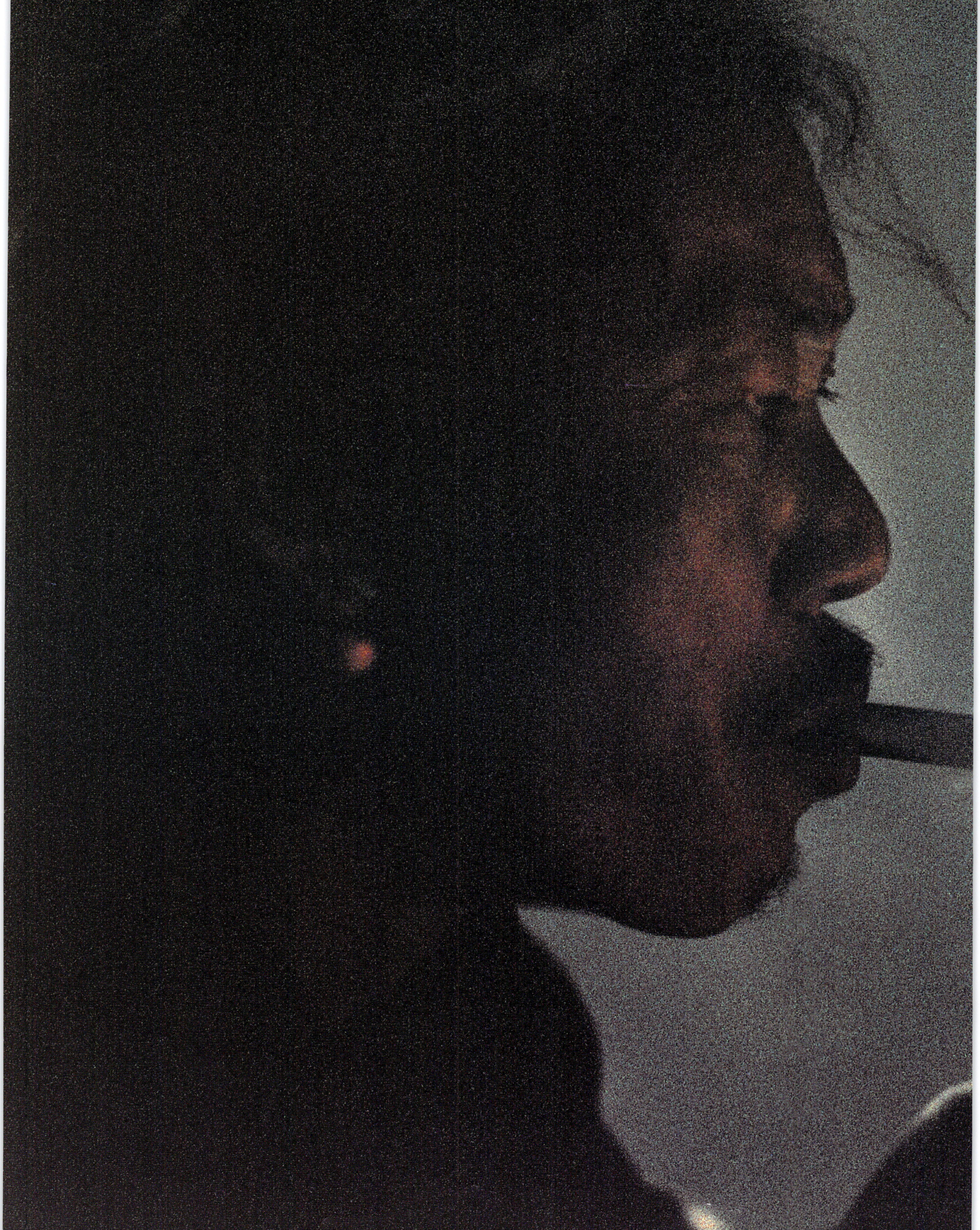

VARIATIONEN ÜBER DIE »GROSSEN MENSCHEN«

Im Nepali gibt es einen Ausdruck, den selbst Außenstehende, die kaum mit der Sprache vertraut sind, sehr bald kennen werden, da er im Gespräch ständig wiederkehrt. Es ist der Begriff *thulo manche*, »der große Mensch«, der wichtige, einflussreiche Mensch, der Untergebene hat oder in irgendeiner Weise Macht über andere ausübt. Der Begriff kann auch politisch in dem Sinne gebraucht werden, dass der Betreffende eine wichtige Position im Zentrum eines Beziehungsnetzes einnimmt, das er für die unterschiedlichsten Zwecke mobilisieren kann. Der Dorfbewohner, der seinen Sohn studieren lassen will, wendet sich spontan an einen in der Stadt lebenden einflussreichen Verwandten. Er sucht seine Unterstützung, wenn es Schwierigkeiten mit den Behörden gibt, oder er bittet ihn um finanzielle Hilfe, wenn seine Getreidevorräte erschöpft sind und die neue Ernte noch nicht eingebracht ist. Deshalb taucht der Begriff *thulo manche*,Ausdruck einer grundlegenden Lebensnotwendigkeit, in Nepal auch in den alltäglichsten Gesprächen auf.

In einer stark hierarchisierten, nach Prinzipien der Blutsverwandtschaft und Verschwägerung organisierten Gesellschaft, in der schon der Status des älteren oder jüngeren Kindes entscheidend ist, muss der Einzelne stets darauf achten, wem er Respekt schuldet und von wem er Respekt zu fordern hat, das Unterpfand seiner Position innerhalb der Gesellschaft. Das nepalesische Leben ist in den festen Rahmen alltäglicher Rituale einerseits und spektakulärer Feste andererseits eingespannt, durch die jeder an seine Stellung gegenüber den anderen erinnert wird: Der König gegenüber seinen Untertanen, der Vater gegenüber seiner Familie, die Schwester gegenüber ihrem Bruder. Derjenige, dem man Achtung erweisen muss, schuldet einem dafür Schutz, wenn man selbst in Schwierigkeiten ist.

Es gibt mehr oder weniger »große« *thulo manche*. Eine vertraute Gestalt ist der Regierungsbeamte, der mit blank gewichsten Schuhen gravitätisch über die Hauptstraße seines Amtssitzes schreitet, bekleidet mit einer Amtstracht mogulischer Art, den Topi fest auf den Kopf gedrückt. Die Bauern, die aus den umliegenden Dörfern kommen, oft gebeugt unter der Last des schweren Korbs, den sie auf dem Rücken tragen, geben sich durchaus unterwürfig. Nur ihre Blicke, die sie heimlich auf den »großen Menschen« richten, zeugen nicht unbedingt von Respekt. Und doch grüßen sie den *thulo manche*, von dem sie abhängig sind, indem sie die Stirn bis zu seinen Füßen neigen. Sie bringen so ihre Achtung zum Ausdruck und bekunden ihre Loyalität entsprechend seiner Macht, die wiederum an seiner Großzügigkeit gemessen wird.

Der Begriff des »großen Menschen« hat auch einen moralischen und einen religiösen Aspekt. Traditionell ist der wirklich »große« Mensch auch ein moralisches Vorbild. Diese Auffassung hat ihre Wurzeln vermutlich in einer Lebensform, in der die Erde die eine Quelle der Lebenserhaltung war, noch bevor sie zur Quelle von Reichtum werden konnte. Der Mensch, der sie kultivierte und so allen Unwägbarkeiten zum Trotz das Wohlergehen der Seinen sicherstellte, konnte dies, daran zweifelte man nicht, nur mit dem Willen der Götter erreichen.

Diese vorbildliche Tugendhaftigkeit ist jedoch weit entfernt von den Auffassungen einer christlichen Moral, die Güte und Großzügigkeit gegenüber den Schwachen predigt. Der Mensch des Himalaya ist nicht per se oder aus altruistischen Motiven gut zu seinem Nächsten. Er weiß, dass in der rauen Gebirgswelt nur die Stärksten überleben können. Aber er weiß auch, dass er diese Welt niemals allein bezwingen oder ihr wenigstens das Lebensnotwendige abringen könnte. So hat der Himalaya einen ebenso zähen wie pragmatischen Menschenschlag geformt.

Dolpo, 1995. Dawa aus dem Tarap-Tal war mein Begleiter bei einer langen Frühjahrsreise. Bei einer Rast nahm er die klassische Haltung der Träger ein: Die Last seines Tragekorbs setzte er auf einer Mauer ab, das Stirnband ließ er auf die Brust rutschen.

Der geographische Horizont der Himalaya-Bewohner ist oft sehr beschränkt. Einige Magar aus dem Westen haben das Tal, in dem sie geboren wurden, niemals verlassen, und sie würden dies auch nur tun, wenn ihnen die Umstände keine andere Wahl ließen. Andere wiederum, wie etwa die Hirten, brechen stets zu neuen Horizonten auf. In der Einsamkeit der Bergmatten träumen sie neben ihren weidenden Tieren von dem Augenblick, in dem sie wieder den Bazar mit seinen vielen Verlockungen betreten werden. Doch sobald sie die ersten Teehäuser erreicht haben, suchen sie schon wieder nach dem Ausgang aus diesem schillernden Labyrinth, das ihnen Unbehagen bereitet. Oft machen sie kehrt, ohne auch nur den Zucker und die Teegewürze gekauft zu haben, die sie mitbringen sollten. Mit ihren von Schwielen bedeckten großen Füßen, ihren nackten Beinen unter dem gewebten Hanfrock und dem Krummdolch in ihrem breiten Wollgürtel, ziehen sie die ungläubigen Blicke der Bewohner jener Marktflecken der Ebene auf sich, in denen die Zukunft des Landes gestaltet wird. Und doch waren es Bergbewohner wie sie, untersetzt, das Gesicht vom Rauch der Lagerfeuer geschwärzt, die das Land, wie wir es heute kennen, erobert haben. Um die Mitte des 18. Jahrhunderts verließen sie ihre Lager, um dem jungen König von Gurkha zu folgen und an einer militärischen Unternehmung teilzunehmen, wie sie in ihrer Art in diesen Hügeln einzigartig war.

Prithvi Narayan Shah mit erhobenem rechtem Zeigefinger zum Zeichen der Einigung des Landes

»MEIN KLEINES, TEUER ERRUNGENES KÖNIGREICH«

Wie schon weiter oben erwähnt, verstärkten sich im 14. Jahrhundert die Einwanderungswellen durch die Rajputen aus der Ganges-Ebene und dem noch jenseits davon gelegenen Rajasthan. Längs der Himalaya-Kette entstanden so knapp achtzig Kleinreiche. Ihr Zentrum war jeweils ein befestigter Hauptort auf einem Gebirgsvorsprung, von dem aus man die zwei oder drei zu verteidigenden Täler überblicken konnte. Die Zahl der Menschen, die sich um diese in den größeren Tälern konzentrierten Fluchtburgen versammelten, betrug meist nicht mehr als einige Tausend. Die Festungen waren praktisch uneinnehmbar, sofern man sie nicht von der Wasserversorgung abschnitt. Während aber der Himalaya einerseits ein natürlicher Zufluchtsort war, ließen andererseits seine parallelen Bergketten, seine Felssporne und seine Flüsse, deren Ufer während des Monsuns unpassierbar werden, jeden Versuch einer Einigung oder militärischen Eroberung scheitern.

Die Fürsten konnten nicht mit allen Männern ins Feld ziehen, die unter ihrer Herrschaft standen. Ein Teil von ihnen musste zurückbleiben, um das eigene Land gegen mögliche Feinde zu verteidigen. Vor allem aber mussten die Bauern das Land bearbeiten, die wichtigste Überlebensquelle dieser kleinen Königreiche. Unter diesen Umständen versuchten ihre Anführer höchstens einmal einen Überfall auf das benachbarte Reich, das mit seinen Bodenschätzen oder seinem Zugang zu einer Handelsstraße Begehrlichkeiten weckte, aber darin erschöpften sich ihre Eroberungsgelüste auch schon. Nur einer hatte Größeres im Sinn.

Prithvi Narayan Shah wurde am 3. April 1743 als 21-Jähriger zum König von Gurkha gekrönt, einem jener Kleinfürstentümer westlich von Kathmandu. Er war von seiner Stiefmutter Chandraprabha erzogen worden, die de facto an der Stelle des desinteressierten Königs die Geschicke des Reichs lenkte. Der König hatte sie sogar gebeten, ihm nicht in den Tod nachzufolgen, um seinem Sohn weiterhin als Beraterin beizustehen, obwohl nach hinduistischer Vorschrift die Ehefrauen bei lebendigem Leib auf dem Scheiterhaufen ihres Mannes mitverbrannt wurden.

Prithvi Narayan Shah begann schon früh zu reisen, unternahm eine Wallfahrt nach Benares in Nordindien, traf sich mit muslimischen Führern und beschaffte sich Feuerwaffen. Später versicherte

er sich auf den Rat Chandraprabhas hin der Dienste muslimischer Feuerwerker, die sich auf den Gebrauch von Musketen verstanden. Wieder im Himalaya, besuchte er einige Fürstentümer im Westen, die sich nach dem Untergang des Malla-Reichs zu Konföderationen zusammengeschlossen hatten. Insbesondere interessierte er sich für das benachbarte Tal mit den drei Königsstädten der Newar, Kathmandu, Patan und Bhaktapur, das damals Nepal hieß, und er beschloss, Herrscher dieses Gebietes zu werden.

Als er mit 53 Jahren sterbenskrank war, hielt er eine Reihe von Reden, die nach seinem Tod aufgeschrieben wurden und in einer äußerst lebendigen Weise über sein Leben Auskunft geben, das damals schon Legende war. Als Beispiel sei nur die berühmte Passage angeführt, in welcher der 15-Jährige vom Chandragiri aus in Begleitung von zwei Brahmanen-Astrologen auf das begehrte Tal blickte:

»In diesem Augenblick sagten die beiden Astrologen zu mir:

›O König, dein Herz vergeht vor Verlangen.‹

Ich war verblüfft. Woher kannten sie meine intimsten Gedanken, dass sie so etwas sagen konnten?

›In dem Augenblick, als du den Blick auf Nepal richtetest, strichst du über deinen Schnurrbart, und in deinem Herzen verlangtest du danach, König von Nepal zu sein. So schien es uns.‹«

Die Idee war abenteuerlich; die spärlichen Ressourcen von Gurkha standen in keinem Verhältnis zum Reichtum des Tals, durch das der gesamte Handelsverkehr zwischen der indischen Ebene und Tibet verlief. Der Prinz wusste dies. Die Leidenschaft, die sein Vorhaben in ihm entzündete, blendete ihn nicht. Er rief seine Berater zu sich:

»›Kommt sofort, schlaft nicht weiter …‹ Und sie kamen.

›Ich war in Nepal und habe es gesehen. Und ich habe beschlossen, dass es mein sein muss. Was sagt ihr dazu?‹

›Greife an, o Fürst‹, sagten sie. Sie stimmten mir also zu. Aber ich fragte sie:

›Wenn ich aufbreche, um das Reich eines anderen zu unterwerfen, wird dann nicht ein anderer kommen, um sich des meinen zu bemächtigen?‹

›Deine Stimme, o Fürst, kann Elefanten in Furcht versetzen. Wenn diese Fürsten der Zweiundzwanzig und der Vierundzwanzig, der beiden Konföderationen des Westens, kommen, werden in der Chepa Ströme von Blut fließen.‹«

Yelambara, ein Kirant-Fürst

Und es flossen Ströme von Blut. Zur Eroberung des Tals, die sich über ein Vierteljahrhundert hinzog, bedurfte es auch vieler Intrigen und diplomatischer Schachzüge. Schließlich war der Traum Wirklichkeit geworden, und Prithvi Narayan Shah konnte stolz darauf sein, dass sein »kleines, teuer errungenes Reich« zu einem Staat geworden war, der von seinen mächtigen Nachbarn, dem Kaiser von China und den »Herrschern der Meere«, der englischen Ostindischen Handelskompanie, ernst genommen werden musste.

DIE FÜHRER DES HAUSES LIMBU

Die Fürsten des Westens wussten lange Zeit erfolgreich zu vermeiden, dass sich einer von ihnen über die anderen erhob und von ihnen den Treueid forderte. Die Kirant wiederum, eine tibetobirmanische Bevölkerungsgruppe, die in den Bergen des Ostens lebte, mussten sich bald der militärischen Überlegenheit der Gurkha-Truppen beugen, vor allem, da diese mit Feuerwaffen kämpften, während die

Kirant nur über ihre traditionelle Ausrüstung, bestehend aus Pfeil und Bogen, verfügten. Sie schienen sich in ihre Rolle als »kleine Brüder« zu fügen, die Prithvi Narayan ihnen zuwies, um so mehr, als er ihnen weitgehend ihre Autonomie beließ. In den darauf folgenden beiden Jahrhunderten wuchs jedoch der Widerstand gegen die indisch-nepalesische Kolonisierung, denn die Kultur und die politische Organisation dieser Gruppen vertrugen sich nicht im Geringsten mit der herrschenden hinduistischen Ideologie.

Die Kirant, deren Name schon in 3000 Jahre alten hinduistischen Texten auftaucht, siedelten zu Beginn unserer Zeitrechnung im Tal von Kathmandu. Ihre Anwesenheit belegen Inschriften der ersten geschichtlichen Dynastie, der Licchavi, die vom 4. bis 9. Jahrhundert herrschten und Zeugnis von einer hochentwickelten indischen Kultur ablegen. Die meisten der in diesen Sanskrit-Inschriften erwähnten Ortsnamen haben jedoch tibetobirmanische Anklänge und werden auch heute noch im modernen Newar gebraucht. Auf diese Weise hat die Kirant-Zivilisation 2000 Jahren indischer Kultur überlebt. Diese Volksgruppen sind, soweit man dies im 18. Jahrhundert erschließen konnte, mit den tibetobirmanischen Stämmen der östlichen Ausläufer des Himalaya verwandt, den Dafla, den Mishmi oder Abor, von denen die ersten Ethnographen so fasziniert waren. Diese »Himalaya-Barbaren«, Jäger und Sammler, deren politisches Leben von Überfällen und Blutrache geprägt war, hatten offensichtlich eine außergewöhnliche exotische Ausstrahlung.

Die nepalesischen Limbu sind einer jener Kirant-Stämme. Philippe Sagant hat gezeigt, dass in ihrer Gemeinschaft die Ereignisse im Leben eines Mannes oder seiner Angehörigen immer als Ausdruck einer mehr oder weniger großen »Lebenskraft« interpretiert werden. Daher sagt man von einem Familienoberhaupt, das ein Unrecht erleidet – untreue Ehefrau, Diebstahl oder Krankheit –, dass er »das Gesicht verloren« habe. Er muss sofort Genugtuung vom Aggressor verlangen oder sogar eine Strafexpedition einleiten, bei der er einen Gefangenen nimmt, den er als Geisel behält, bis die Angelegenheit bereinigt ist. Oder er bringt Nahangma ein Opfer dar, wenn der Schamane feststellt, dass das Unheil von dieser Gottheit stammt. Im einen wie im anderen Fall muss er die Sache in Ordnung bringen und seine Lebenskraft wiederherstellen, damit sie ihn nicht ganz verlässt und er sein Leben verliert.

Ein geachtetes und mächtiges Familienoberhaupt ist nicht gleich Fürst oder König. Er hat lediglich mehr Abhängige und erweist sich großzügiger, wenn er bei der Rückkehr von der Jagd Fleisch verteilt. Dafür fordert er aber eine sehr weitgehende Wiedergutmachung, wenn er glaubt, dass ihm ein Unrecht geschehen ist. Dieser »große Mann« wird als Schiedsrichter bei Auseinandersetzungen um Hilfe gebeten, weil man darauf vertraut, dass er genügend Verbündete besitzt, um sich durchzusetzen, und dass seine Lösung gerecht sein wird.

Solch subtile Machtverhältnisse, die zum einen auf Gewaltanwendung als unvermeidlichem Ausdruck der Lebenskraft beruhen, zum anderen auf unverzichtbaren Allianzen, konnten natürlich im Rahmen der hinduistischen Kolonialisierung und dem damit verbundenen Übergang zum Königtum nicht aufrecht erhalten werden. Das Familienoberhaupt, das seine Macht nur von sich selbst und den Göttern ableitete, wurde immer mehr zum Statthalter des Königs von Nepal auf einem festen, ihm zugeteilten Territorium.

Aber vielleicht ist auch nur die kriegerische Erscheinungsform des hierarchischen Geflechts verschwunden. Zu Beginn dieses Kapitels wurden ja ganz ähnliche Verbindungen zwischen einem einflussreichen Mann und den von ihm Abhängigen im zeitgenössischen Nepal aufgezeigt. Der Begriff des »Oberhaupts« war den Gurkha-Truppen von Prithvi Narayan Shah keineswegs fremd. Nach der Eroberung der Festung von Kirtipur, einer Newar-Stadt im Tal von Kathmandu, sollen die Soldaten den rebellischen Bewohnern die Nase abgeschnitten haben. Deren Nachfahren diskutieren auch heute noch darüber, ob diese Überlieferung im wörtlichen oder übertragenen Sinne verstanden werden soll; klar ist jedenfalls die Absicht der Eroberer, die Besiegten »das Gesicht verlieren« zu lassen. Gleiche Ideen in unterschiedlichen sozialen Ausprägungen ziehen sich wie ein roter Faden durch die Berge des Himalaya.

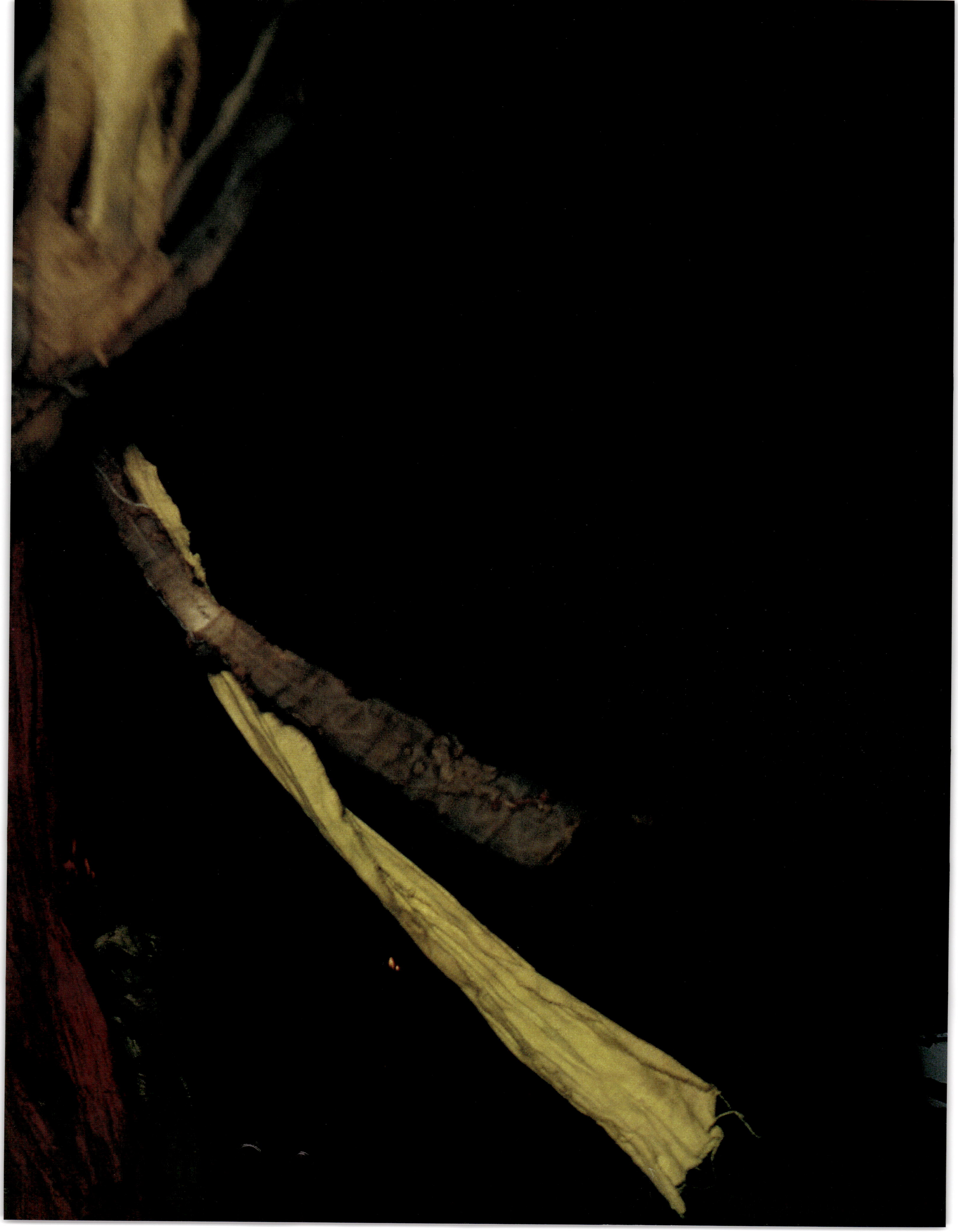

HANDEL UND HANDELSWEGE IM HIMALAYA

BAUDELAIRESCHE VISIONEN IM 19. JAHRHUNDERT

Die englische Ostindische Handelskompanie beherrschte Ende des 18. Jahrhunderts den Handel in Indien. Über die zunehmenden russischen Aktivitäten in Zentralasien beunruhigt, versuchte sie, so schnell wie möglich über Nepal Handelsbeziehungen mit Tibet anzuknüpfen. Das Tal von Kathmandu liegt in einem der am leichtesten zu bereisenden Korridore durch den Himalaya. Während der Weg nach Indien über den Chandragiri führt, von wo aus Prithvi Narayan Shah zum ersten Mal auf die Newar-Städte blickte, sind zwei Berge im Norden, Raswa im Westen und Kodari im Osten, die niedrigsten der Gebirgskette. Hier gestaltet sich der Weg von der Ganges-Ebene nach Tibet und darüber hinaus in die chinesischen Städte verhältnismäßig einfach. Die Gurkha-Regierung aber stand dem Eindringen von Fremden sehr ablehnend gegenüber. Im Jahre 1816 gelang es den Engländern jedoch, den Nepali den Vertrag von Segauli aufzuzwingen, der im Großen und Ganzen die heutigen Grenzen des Königreichs festlegte. Um über das Tun und Lassen der einheimischen Bevölkerung stets informiert zu sein, verlangten sie, dass ein britischer Statthalter einen ständigen Sitz in Kathmandu haben sollte. Über den Warentransport aus der Ganges-Ebene in Richtung Tibet und umgekehrt wurde detailliert Buch geführt. Diese Listen gaben den Beamten der britischen Krone, denen es darum ging, die Möglichkeit künftiger Handelsbeziehungen und die damit zu erzielenden Gewinne abzuschätzen, durchaus Anlass zu großen Erwartungen.

Händler aus Kalkutta schickten europäischen Samt und feines Tuch in Rotbraun, Purpur, Rot, Gelb und kräftigem Grün nach Nepal, außerdem indische Baumwollwaren, Satin und Chintz, Seide und gold- und silberdurchwirkte Musseline aus Benares sowie Schals aus Kaschmir. Auf derselben Route kamen aus den Ebenen wie in einer psychedelischen Vision baudelaireschen Zuschnitts Opium und Indigo, Fischotterfelle, Edelsteine, Korallen und Perlen, Gewürze und Dörrobst, Kampfer, Grünspan, weißes und rotes Sandelholz, Pfauenfedern, Tazee-Pferde und Kandiszucker, Salpeter, Schwefel und europäische Gewehre.

Aus der tibetischen Hochebene gelangten auf den Rücken von Yaks und von Menschen Rohwaren ins Tal: Gold, Silber, Salz, Bergkristalle und Borax, der in Europa für die Herstellung von Porzellan verwendet wurde. Falken, Schafe und Ziegen, Damhirschfelle, Yakschwänze, die als Fliegenwedel dienten, Moschus, Wachs, Honig und Haschisch fanden in den Ebenen Abnehmer.

Die 1857 veröffentlichten Tabellen des Gouverneurs Hodgson erwiesen sich für die Unternehmer als wahre Fundgruben. In ihnen waren nicht nur der Preis eines jeden Artikels, sondern auch die Zollgebühren und die Transportkosten aufgeführt. Die Bemühungen Hodgsons hatten die gewünschte Wirkung, und der Handel intensivierte sich auf der nepalesischen Route, auch wenn die Händler später den Weg über Sikkim bevorzugten. Indes mussten die Bewohner des Tals nicht erst auf die Briten warten, um aus ihrer privilegierten geographischen Lage größtmöglichen Nutzen zu ziehen.

Der Ort Talphi im Chaudabise-Tal in Westnepal, 1992. Eines der Dörfer des Tals, in denen Salz und Korn den Besitzer wechseln.

DER ALTE GLANZ DES TALS

Schon im 6. oder 5. Jahrhundert v. Chr. bezeichneten Mönche aus Sravasti, einem der heiligen Orte des Buddhismus in Nordindien, das Tal als Handelsstraße. Und im berühmten Arthasastra, dem altindischen Lehrbuch der Politik und Staatsführung, ist von Wolldecken aus Nepal die Rede. Vielleicht ähnelten sie den schwarzweißen Decken, welche die Gurung und Magar auch heute noch im Winter auf den Märkten im Süden des Landes feilbieten. Die dichte Webart und eine Spezialbehandlung, bei der sie über einer starken Wärmequelle lange mit den Füßen gewalkt werden, machen sie zu einem absolut undurchlässigen und unübertroffenen Filz.

Im 7. Jahrhundert, zur Zeit des tibetischen Königs Songtsen Gampo, besuchten chinesische Pilger und Botschafter über die nepalesische Route die Städte und Klöster Indiens. Der berühmte Wang Xuance, Abgesandter der Tang-Dynastie, beschrieb die Prachtentfaltung der Licchavi wie folgt:

»Ihr König Na-ling ti-po (Narendra Deva) schmückt sich mit echten Perlen, Bergkristall, Perlmutt, Korallen und Bernstein; an den Ohren trägt er goldene Ringe und Jadegehänge, und die Anhänger an seinem Gürtel sind mit einem Foutou (Buddha) verziert. In der Mitte des Palastes erhebt sich ein siebenstöckiger Turm, der mit Kupferplatten bedeckt ist. Brüstungen, Gitter, Säulen, Balken, alles ist mit Juwelen und Edelsteinen besetzt. An allen vier Ecken des Turms ist ein kupfernes Rohr befestigt; darunter befinden sich goldene, Wasser speiende Drachen …«

So spielte der Handel auch vor seiner Kontrolle durch die Engländer eine wichtige Rolle. Die geographischen und klimatischen Bedingungen zwangen die Reisenden zu einem Aufenthalt und die Händler zur Zwischenlagerung ihrer Waren. Denn die Berge konnten nur im Sommer in Richtung Norden überquert werden, und umgekehrt musste man für die Reise durch den Dschungel des Südens, der während der Monsunzeit malariaverseucht war, den Winter abwarten. So versammelten sich hier Händler neben Pilgern, Botschafter trafen mit Künstlern zusammen. Dies gab Gelegenheit, Informationen und Ideen zu neuen Projekten auszutauschen. Die newarischen Künstler hatten sich mit ihren getriebenen Gold- und Kupferarbeiten und ihrer Bronzekunst hohes Ansehen erworben. Der berühmteste von ihnen, den die Chinesen Aniko nannten, wurde 1273 von dem chinesischen Herrscher und späteren Begründer der Yuan-Dynastie Kubilai an die Spitze der Künstler des Kaiserreichs berufen. Die Kunst in all ihren Formen, Architektur, Bildhauerei und Malerei, blühte auf und wurde zum großartigsten Ausdruck der Religiosität der Könige und ihrer Untertanen. Paläste und Tempel bildeten in den Zentren der Königsstädte eine harmonische Einheit. Der Mensch stand nicht unter dem Joch des Göttlichen, sondern konnte sich als Mitwirkender am göttlichen Plan begreifen.

TIBETISCHE VOLKSGRUPPEN IN DER WELTWIRTSCHAFT

Wenn nun das Tal von Kathmandu seine Existenzgrundlage im Handelsverkehr fand, der hier einen natürlichen Durchgangsweg für sich entdeckte, so müssen auch die kleinen Gemeinschaften tibetischer Kultur im Norden von Nepal erwähnt werden. Sie lebten in ebenso unzugänglichen wie unwirtlichen Tälern und wagten dennoch kühne Handelsunternehmungen. Sie waren gewissermaßen die Partner der Newar, ein weiterer Pol im Handelsnetz, das den Himalaya mit Südasien einerseits und Zentralasien andererseits verband. Trotz ihrer äußersten geographischen Isolierung sollten sie eine wichtige Rolle in der Weltwirtschaft spielen.

So zum Beispiel die Nyishangba aus dem Manang-Gebiet, über die es neuere Untersuchungen gibt: eine Gruppe von 2000 bis 4000 Personen im Marsyangdi-Tal hinter dem Annapurna im Nordwesten von Zentralnepal. Auch dort begann die Besiedlung in grauer Vorzeit mit der Einwanderung kleiner Gruppen von Viehzüchtern und Jägern aus Tibet. Sie vermischten sich mit den einheimischen Samm-

Tibetische Lastträger mit Ziegeln. Stich aus dem 19. Jahrhundert

lern der mittleren Bergregion und begründeten mit ihnen das Volk der Gurung. Später, um das 13. oder 14. Jahrhundert, kamen mit einer zweiten Einwanderungswelle aus Tibet die Ghale in das Tal, und so entstand eine neue Bevölkerungsgruppe, aus der die Nyishangba hervorgingen. Neben einer Variante des Buddhismus brachten die Ghale die Techniken für den Ackerbau auf den Schwemmlandterrassen des Marsyangdi mit. Zudem entwickelten sie in der Region, in der nicht mehr als 350 Millimeter Niederschlag jährlich fallen, ein perfektes Bewässerungssystem.

Die Nyishangba erwiesen sich als wahre Landbaukünstler, die die Höhenunterschiede und die Sonnenbestrahlung der Hänge geschickt für verschiedene Gersten- und Buchweizenkulturen nutzten und zudem Yaks und Schafe züchteten. Dennoch konnten sie mit dem, was sie ihrer Umwelt abgewannen, ihren Lebensunterhalt nur acht Monate im Jahr bestreiten. Im Winter stiegen sie in die mittlere Gebirgsregion hinab, beladen mit Moschus, Wolle und getrockneten Heilkräutern, Baldrian und Enzian, die sie gegen Getreide und insbesondere Reis tauschten. So gliederte sich das Jahr nach dem Austausch von Produkten aus zwei einander ergänzenden Klimazonen.

Und ein Tier sollte bei diesem Austausch eine besondere Rolle spielen. Der Moschushirsch ist ein etwa rehgroßes Tier mit runden Ohren, das in den Birken- und Wacholderwäldern in Höhen über 3500 Metern lebt. Aus seinem Oberkiefer ragen zwei lange weiße Eckzähne wie Hauer hervor. Das männliche Tier trägt hinter dem Bauchnabel einen kleinen, mit einer öligen Substanz gefüllten Beutel, den Moschus, der zu vielfältigen Zwecken genutzt wird. Früher sagte man ihm aphrodisische, krampflösende und antiseptische Eigenschaften nach; heute findet er nur noch in der Parfümindustrie Verwendung. Dieser kleine Beutel wiegt zwischen 30 und 50 Gramm und wird zu extrem hohen Preisen verkauft. Mit dem Export von 116 Kilogramm Moschus erzielte Nepal im Jahre 1972 Deviseneinkünfte in Höhe von 1,3 Millionen Euro, was stattlichen 8,7 Prozent des nepalesischen Außenhandelsergebnisses entsprach. Hieraus wird deutlich, dass hinter den häufigen Erwähnungen von Moschus im Transhimalaya-Handel ein nicht zu vernachlässigender Wirtschaftsfaktor steht. Seit Mitte der siebziger Jahre stehen die Moschushirsche jedoch offiziell unter Artenschutz.

Mit Moschus aber und gesammelten Heilkräutern konnten sich die Handelsunternehmen, die noch um 1900 nur regional tätig waren, zu internationalen Firmen entwickeln. Einige Nyishangba begannen, diese Produkte aus anderen Regionen hinzuzukaufen. Kleine Gruppen von Verwandten stiegen mit den Handelsgütern, die ebenso leicht wie kostbar waren, in die Ganges-Ebene hinab. Sie hatten auch junge tibetische Mastiffs dabei, die unterwegs immer Käufer fanden. Als zwischen 1875 und 1910 hinter der nepalesischen Grenze in Nordindien die ersten Eisenbahnlinien gebaut wurden, eröffnete das den Händlern weitere Märkte. Sie gelangten jetzt mit dem Zug bis nach Amritsar und Delhi.

Und sie konnten nun auch die übrigen Gebiete längs der Himalayakette erkunden, die ähnliche ökologische Gegebenheiten aufwiesen wie ihre Heimat. In Simla, Kulu, Dharamsala, Jammu und Sri-

nagar kauften sie große Mengen von Moschus und Heilkräutern bei den dortigen Jägern und Bauern. Bei ihrer Rückkehr in die Städte verkauften sie ihre Waren Gewinn bringend weiter. Geld, das sie wiederum in Baumwollstoffe und Farben investierten, die sie vor dem Monsun in den heimatlichen Bergen verkauften. Schätzungen zufolge konnte jeder Einzelne bei einer solchen Reise zwischen 500 und 600 nepalesische Rupien verdienen, eine ansehnliche Summe im Jahr 1920. Dies waren die Anfänge einer Kapitalisierung, die ihre Grundlage zunächst noch in der Heimatregion der Nyishangba hatte, aber bald von dieser unabhängig wurde.

Die Nyishangba zögerten nicht, sich als nächstes dem riesigen Markt von Kalkutta zuzuwenden. Das Geld aus dem Verkauf ihrer Naturprodukte verwendeten sie für Nähnadeln und synthetische Farben, die in Assam sehr begehrt waren, wo es eine blühende Textilindustrie gab. Nachdem sie mit der Bahn von Stadt zu Stadt gereist waren, kehrten die Händler mit Teetassen aus Porzellan und Baumwollkleidern nach europäischer Mode, den Trophäen einer neuen Ära, in ihre Dörfer hinter dem Annapurna zurück.

So wie die Bahn den Aktionsradius der Händler beträchtlich erweiterte, so gelangten sie später mit dem Flugzeug von Kalkutta und bald auch von Kathmandu aus bis nach Bangkok, Singapur und Hongkong. Heute handeln sie vor allem mit Luxusgütern, Modewaren und Elektrogeräten. Vielleicht auch mit Gold und Opium – aber das ist eine andere Geschichte.

»DER GRÜNE WALD IST DER REICHTUM NEPALS«

DIE VERSTAATLICHUNG DER WÄLDER: EIN MISSGLÜCKTER VERSUCH

Die Wendung »Der grüne Wald ist der Reichtum Nepals« reimt sich auf Nepali: *Hariyo ban nepalko dhan*. Sie wird seit Ende der fünfziger Jahre den Schulkindern vermittelt, als die Regierung erkannte, dass die Baumbestände des Königreichs dringend geschützt werden müssen. 1957 wurden die Wälder deshalb zu Staatseigentum erklärt. Aber diese Maßnahme bewirkte in vielen Fällen das Gegenteil dessen, was die Väter der Idee beabsichtigt hatten. Denn sie versäumten es, die lokale Bevölkerung, die seit jeher die alleinige Verantwortung für ihre Waldheimat gehabt hatte, in ihr Projekt einzubeziehen. Nachdem den Volksgemeinschaften die Verfügungsgewalt über die lebenswichtige Ressource entzogen worden war, gaben viele von ihnen jene zukunftsgerichtete Perspektive auf, die sie zuvor bei ihrem Umgang mit ihrer natürlichen Umwelt geleitet hatte. Sie begannen, den Wald ohne Rücksicht auf ihre Nachkommen ziellos auszubeuten.

Nach der Tradition der Sherpa, die nun verblasste, wurden zum Beispiel einige Bauern vom Dorfoberhaupt damit beauftragt, die Nutzung der Wälder zu überwachen. Die Hüter der Bäume sorgten dafür, dass Brennholz nur zu bestimmten Jahreszeiten gesammelt wurde. Sie wachten über das Fällen von Bäumen zur Gewinnung von Bauholz und schützten die heiligen Wälder. Jede Überschreitung der Regeln wurde bestraft.

Nach der Verstaatlichung der Wälder wurde in den Hauptorten der einzelnen Gebiete eine zentrale Behörde eingerichtet, in der nicht mehr Angehörige der lokalen Gemeinschaften saßen, sondern Staatsbedienstete. Für die offizielle Erlaubnis, einen Baum zu fällen, musste ein Sherpa nun einen tagelangen Fußmarsch auf sich nehmen. Man kann sich vorstellen, dass er versucht war, die Angelegenheit anders zu lösen und das Fällen lieber heimlich zu erledigen. Es kam zu vielen Verstößen dieser Art, weil die Bauern, die eine tiefe Beziehung zu ihren ererbten Wäldern hatten, die Weisungsbefugnis der Regierungsbeamten nicht akzeptierten.

Inzwischen wurden Maßnahmen ergriffen, um den ersten unglücklichen Versuch einer nachhaltigen Waldwirtschaft zu korrigieren. Doch illustriert die geschilderte Praxis die problematischen Beziehungen zwischen lokalen Gemeinschaften und einer Zentralregierung. Es zeigt die Kluft zwischen Menschen, denen nach unaufhörlichen Mühen eine Anpassung an ihre Bergumwelt gelungen war, und oft gebietsfremden Fachleuten, die sich nicht die Zeit nahmen, den Einheimischen zuzuhören.

DIE BRANDWIRTSCHAFT DER ERSTEN HIMALAYA-BEWOHNER

Seit jeher war der Wald die primäre Erwerbs- und Überlebensgrundlage der Völker des Himalaya. Die Geschichte seiner Besiedlung führte in den vorangegangenen Kapiteln immer wieder zu den Jägern und Brandrodern. Heute ist diese Wirtschaftsweise halbnomadischer Ackerbauern fast verschwunden. Noch vor kurzem war sie jedoch in einigen Gegenden, insbesondere im Osten Nepals, üblich. Die Brandrodung eines Waldstücks findet zu Beginn des Winters, während der Trockenzeit, statt. Die Männer fällen die größeren Bäume, während die Frauen das Unterholz ausschlagen. Nach einigen Tagen zünden sie das dürre Holz an und bearbeiten den Boden mit der Hacke. Dann werden

Junge Frau unter einem heiligen Baum, an dem häufig Lastenträger eine Rast einlegen.

Reis, Fingerhirse oder Buchweizen gesät und nach dem Monsun geerntet. Diese in Hanglage angelegten Felder werden zwei bis vier Jahre genutzt. Danach lässt man sie zehn bis fünfzehn Jahre brachliegen, damit der Boden und die Vegetation sich wieder erholen können. Die Brandroder brechen in ein neues Gebiet auf. Manche Gemeinschaften teilen ihre Gebiete in ein Dutzend Parzellen auf, die im Wechsel nach einer gemeinsamen Vereinbarung genutzt werden.

Eine solche Wirtschaftsweise ist natürlich nur bei einer geringen Bevölkerungsdichte und in weitläufigen Waldgebieten möglich, wo der Mensch durch die Möglichkeit der Jagd und des Sammelns auch andere Überlebensgrundlagen findet. Einige Mythen tibetobirmanischer Bevölkerungsgruppen, die früher Brandroder waren, stellen die Jagd sogar als Ursprung des Ackerbaus dar: Demnach entdeckte ein Jäger im Magen eines Vogels, den er mit seinem Bogen erlegt hatte, die ersten Getreidekörner. Die Zeit der Brandrodungen war auch die Zeit der Jagd, wobei das Verbrennen des Waldes zugleich zum Jagderfolg beitrug, weil das Wild aufgescheucht wurde. Im Mythos der Tibetobirmaner spiegelt sich eine ganze Geisteshaltung: Es gab noch keine schwere Arbeit, keine mühselige Unterwerfung der Natur, sondern nur das Vergnügen der Jagd, das auch noch mit der Verheißung einer Ernte verbunden war.

Milarepa. Seiden-Thanka, 17. Jahrhundert

DIE VERWANDLUNG DER LANDSCHAFT

Dies alles änderte sich in der zweiten Hälfte des 18. Jahrhunderts, als Prithvi Narayan Shah und seine Nachfahren versuchten, ein militärisch unterworfenes, aber doch aus sehr unterschiedlichen politischen Einheiten bestehendes Land zu einigen. Die hinduistische Kultur prägte zunächst das Landschaftsbild. Die Terrassierung für den Reisbau hatte im mittleren und westlichen Teil des Landes schon begonnen und breitete sich jetzt, im Zuge der Entwicklung des neuen Staates, in die kolonisierten Gebiete aus. Die Hügel verwandelten sich in vielstufige riesige Amphitheater. Die Verwendung von Pflügen und Zugtieren fand allgemeine Verbreitung. Der Trockenfeldbau wich der Bewässerungswirtschaft. Es entstand eine breite Palette unterschiedlicher Getreidearten, die optimal an die jeweiligen Umweltbedingungen, die Sonneneinstrahlung und die Höhe angepasst waren. Die Produktivität nahm zu, so dass eine wachsende Bevölkerung ernährt werden konnte. Dabei wurden die Wälder zurückgedrängt.

In dieser Zeit entwickelten sich die drei Hauptelemente der Landwirtschaft, die so bis heute Bestand haben: der Getreidebau, die Viehzucht und die Forstwirtschaft. Die trockenen oder bewässerten Felder wurden mit einer Mischung aus Kuhmist und verrottetem Laub gedüngt. Wenn die Tiere nicht auf der Weide waren, wurden sie mit Ernteresten oder Futter aus dem Wald versorgt. Man geht davon aus, dass ein Hektar Land mit dem kultiviert werden konnte, was ein bis vier Hektar Wald hergaben. Der Wald wird heute gewiss anders genutzt, aber er nimmt nach wie vor eine zentrale Stellung in dem Wirtschaftssystem ein, das dem Bauern des Himalaya das Überleben ermöglicht, sofern es ihm gelingt, das empfindliche ökologische Gleichgewicht aufrechtzuerhalten. Dies hängt freilich nicht immer von ihm allein ab.

Die Gurkha-Regierung förderte mit Hilfe von Steuererleichterungen die Urbarmachung von Land, um neuen Siedlungsraum zu schaffen. Daneben dezimierten die Ausbeutung von Eisengruben und der hohe Bedarf an Holzkohle, um Waffen für Eroberungsfeldzüge schmieden zu können, insbesondere in der Gegend um Kathmandu die Wälder. Nur den dichten, malariaverseuchten Dschungel des Tarai im Süden des Landes ließ man als »grüne Mauer« gegen die englischen Expansionsgelüste

unangetastet. Im 19. Jahrhundert trieb der Staat die Zerstörung der Wälder weiter voran. Große Mengen von Holz wurden für den Bau von Eisenbahnlinien nach Indien exportiert. Die Waldfläche des Landes schrumpfte bedrohlich. Mit der Auswanderung nepalesischer Bauern Anfang des 20. Jahrhunderts in den Osten des Himalaya und nach Assam wurde deutlich, dass die Umwandlung der Wälder in Ackerland ein Ausmaß erreicht hatte, das die typische Mischlandwirtschaft in den Bergen des Himalaya unmöglich machte.

BÄUERLICHE INITIATIVEN

Die Zerstörung der Wälder ist also keine Erscheinung der neueren Zeit, wie die Fachleute der sechziger und siebziger Jahre vorschnell glaubten, als Nepal begann, sich für ausländische Hilfe und eine Entwicklungspolitik zu öffnen. Damals führte die mangelnde Kenntnis der geschichtlichen Hintergründe dazu, dass häufig die Bauern als die Schuldigen der beispiellosen Umweltkrise betrachtet wurden. Man glaubte insbesondere, dass die Abholzung der Wälder die Hänge destabilisiert und Erdrutsche und Überschwemmungen in der Indus-Ganges-Ebene ausgelöst hätte. Neuere Studien zeigen dagegen, dass gerade die Terrassierungen die von solchen Erdrutschen verursachten Narben heilten und ganz allgemein zu einer Stabilisierung der Hänge führten. Manche Experten befürchten sogar, dass die beschleunigte Abwanderung der Bergbewohner in die Städte der Ebenen der äußerst empfindlichen Umwelt in den Bergen die Arbeitskräfte entzieht, die zur Bekämpfung der natürlichen Bodenerosion gebraucht werden.

Titelbild mit 30 typischen Pflanzen der Flora des Sikkim-Himalaya

Freilich erscheint der Mensch geradezu nichtig im Angesicht dieser jungen Berge, die, noch kaum emporgewachsen, schon einer Erosion ausgesetzt sind, deren Gewalt den Kräften kaum nachsteht, denen sie ihre Entstehung verdanken. Nichts kann der Wucht mancher Monsun-Unwetter standhalten, weder Wald noch mühsam aufgerichtete Terrassen. Schlammlawinen reißen alles zu Tal.

Die Bauern finden indes andere Lösungen, um ihren Bedarf an Brennholz und Viehfutter zu decken. Immer mehr Bäume werden im Kulturland gepflanzt, und auf den Terrassen, auf denen die Landschaft einst leer und karg wirkte, wird heute Gesträuch angesetzt, so dass die Kulturen hinter dem Blätterwald der Hecken verschwinden. In manchen Regionen, in denen die Bauern keinen Zugang mehr zum Wald haben, weil dieser entweder verschwunden ist oder weil ihnen das Betreten verboten wurde, stehen einer Familie bis zu 200 Bäume verschiedener Arten zur Verfügung, die alle ihre Bedürfnisse abdecken. Die alte Mischlandwirtschaft, deren wichtigste Ressource der Wald war, musste sich angesichts des enormen Bevölkerungswachstums ändern. In weniger als 30 Jahren hat sich die Bevölkerung verdoppelt, wobei die illegale Zuwanderung aus Indien noch gar nicht berücksichtigt ist. Das nepalesische Mittelland ist damit das am dichtesten besiedelte Bergland der Welt.

Bäume bilden also nach wie vor die Basis der Wirtschaftsweise, auch wenn sie nicht mehr in den Wäldern stehen. Die Bauern des Himalaya haben sich daher keineswegs unwissend oder unverantwortlich verhalten, sondern vielmehr flexibel und innovativ auf die Zwänge ihrer natürlichen Umwelt und der demographischen Verhältnisse reagiert.

»Im Süden erstreckt sich Nepal,
das Land der Felsen und des Donners.
Wenn die Einheimischen mit ihren Hacken
den wohltätigen Sandelbaum nicht fällen,
wird ihnen der Eroberer Mon kein Leid tun.
Die Wälder unter Landsleuten zu schützen
ist von großer Bedeutung.«

So sang im 11. Jahrhundert der tibetische Asket Milarepa, als er seine Einsiedelei verließ und auf seinem Weg Dorfbewohnern begegnete. Sandelholz gibt es allerdings in Nepal gar nicht, und im 11. Jahrhundert konnte wohl von einer Zerstörung der Wälder noch nicht die Rede sein. Der Dichter bezieht sich in diesem Vers vielmehr auf die religiöse »talismanische« Kraft dieses Holzes: Wenn die Menschen so verblendet oder unwissend sind, dass sie der Verlockung des Gewinns erliegen, die Wahrheit vergessen und die Bäume fällen, verlieren sie ihre Integrität und machen sich verletzbar für Invasoren.

»Ich bin Milarepa, der beste der Yogis,
Ich bin derjenige, der dem Antlitz des Scheins hinterher jagt,
Der alle Wünsche aufnimmt.
Ich bin ein Yogi ohne Meinungen,
Der sich um nichts bemüht, was auch immer geschieht.«

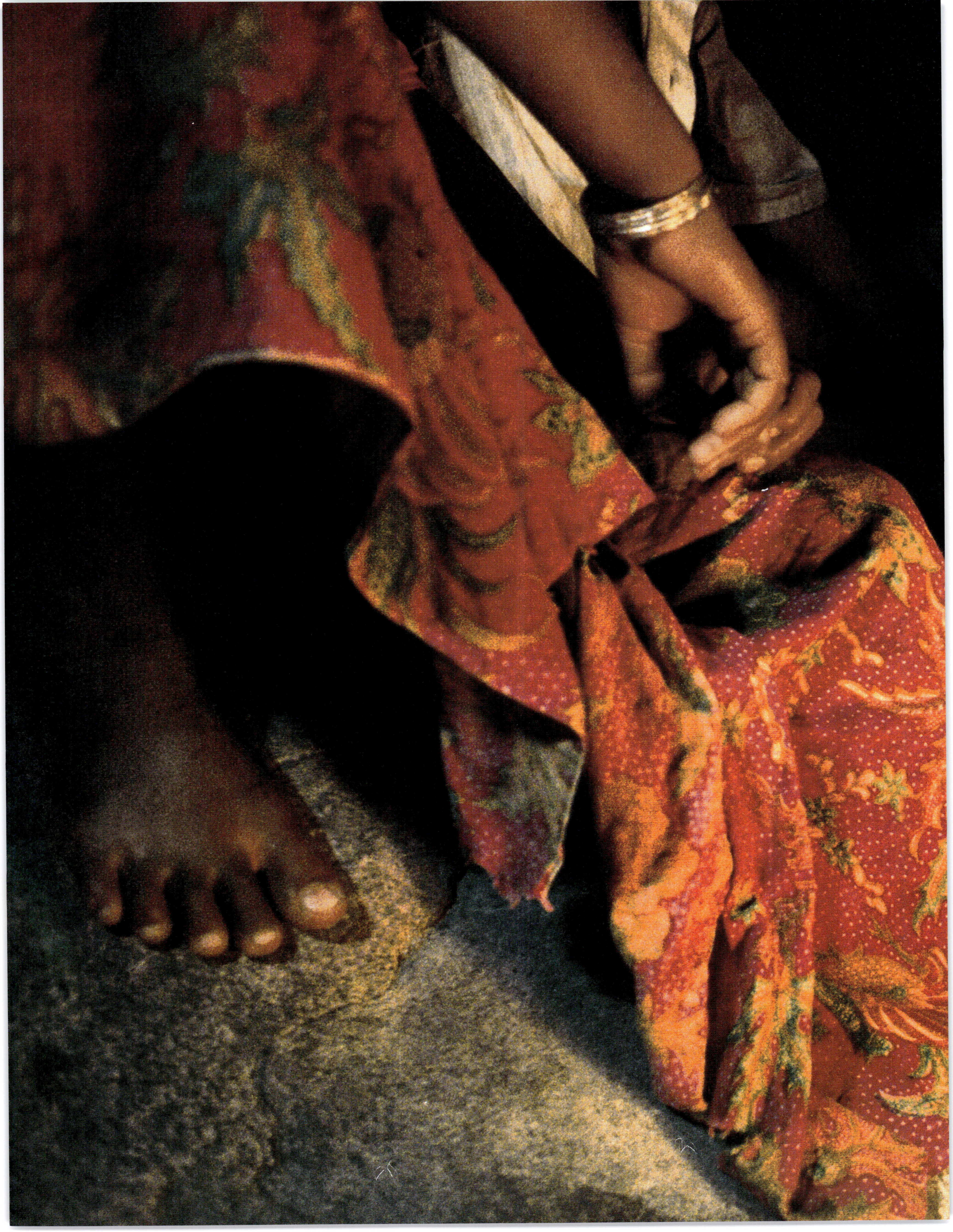

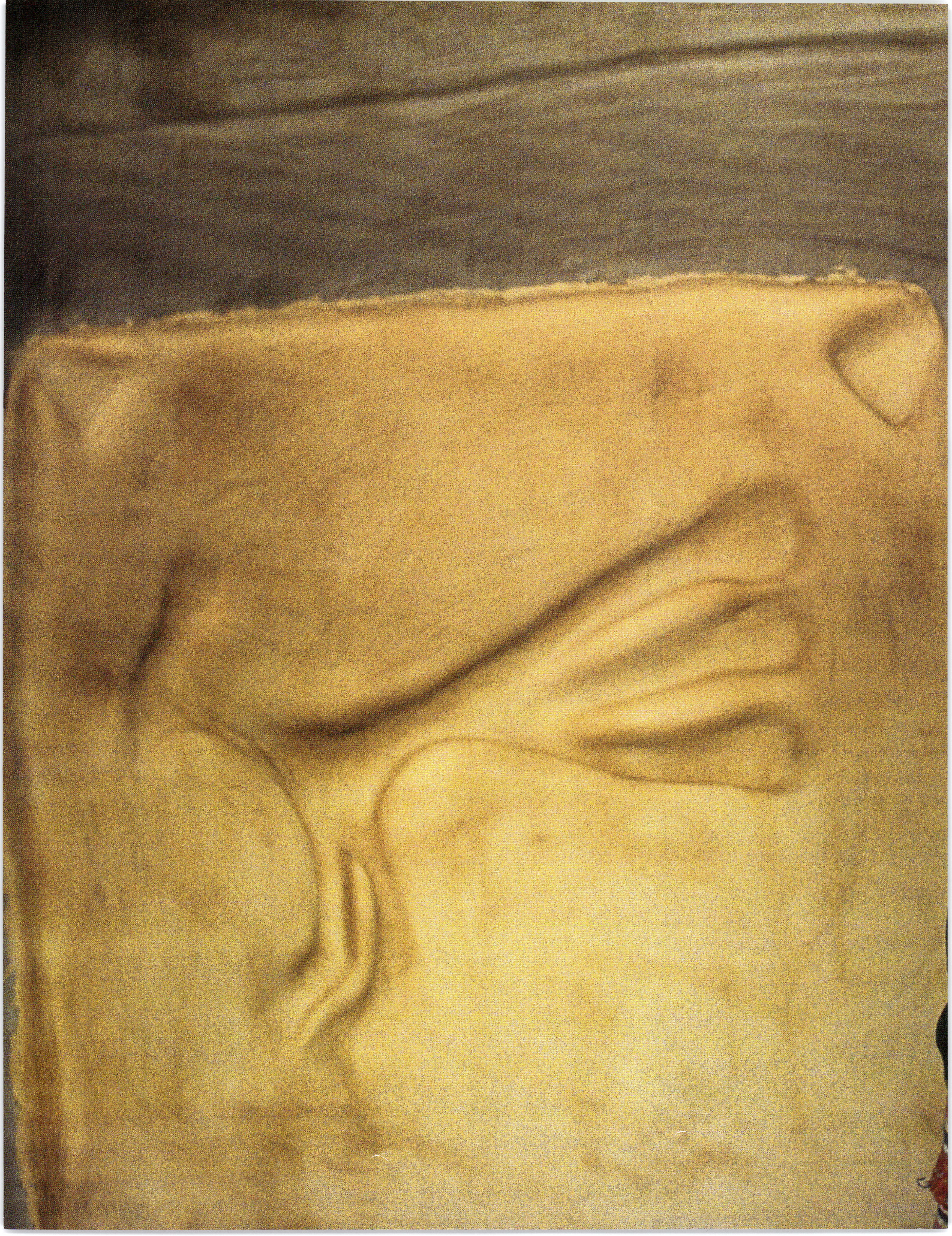

JIWAN ODER DAS ENDE EINER ILLUSION

Jiwan wurde 1975, im Jahr 2032 des nepalesischen Kalenders, geboren. Er war jetzt 25 Jahre alt und dachte daran, wie ihn sein Großvater kurz nach der Geburt seines Bruders zum Sommersitz der Familie mitgenommen hatte, einige Wegstunden vom Dorf entfernt. Sein Vater war damals mit den Schafen ins Dolpo auf die Sommerweiden gezogen, und seine Mutter hatte mit dem Neugeborenen und dem Jäten der Felder zu viel zu tun. Außerdem war Jiwan so eifersüchtig auf den Säugling, dass es besser war, ihn wegzuschicken. Der Alte verwöhnte den kleinen Enkel mit warmer Milch und Honig. Nachts schliefen sie unter derselben Decke. Tagsüber hüteten sie die Kühe und einige Ziegen. Dabei lernte Jiwan schreiben, indem er mit einem Stock die Buchstaben im Staub nachzeichnete, die sein Großvater dort aufgemalt hatte. Er war nicht besonders geschickt darin, Rebhühner mit der Schleuder zu erlegen, aber das Schreiben machte ihm großen Spaß. Noch ehe der Monsun vorüber war, begann er schon, unter Anleitung eines Nachbarn, eines Astrologen, den Kalender zu entziffern. Man brauchte kein Hellseher zu sein, um vorherzusagen, dass dieses Kind einmal nicht die schwieligen Hände eines Bauern haben würde.

Jiwan sollte also lesen und schreiben lernen. Zu jener Zeit wurden überall im Königreich Schulen eingerichtet. Fünf Jahre lang besuchte er diejenige seines Dorfes, dann kam er in das Internat der Bezirkshauptstadt. Mit 15 Jahren machte er mit einem sehr guten Notendurchschnitt als Jüngster seinen Abschluss. Nur als Klassenbestem wäre ihm jedoch ein Stipendium zugute gekommen, das es ihm erlaubt hätte, an der Universität zu studieren. Sein Vater hatte die Internatskosten mit dem Verkauf von Haschisch auf dem Bazar bestritten. Ein Studium in der Stadt, wo alles viel teurer war, konnte er jedoch nicht mehr finanzieren.

Wenn man, so wie mehr als 80 Prozent der nepalesischen Bevölkerung, als Bauer in den Bergen lebt, hat man nicht viele Möglichkeiten, Geld zu beschaffen, selbst wenn man neben dem Getreideanbau auch noch Viehzucht betreibt. Die Erde ernährt gerade einmal diejenigen, die sie bearbeiten. Die Wolle der Schafe wird teils gegen Reis eingetauscht, teils zu Hause verarbeitet. Die Frauen weben Decken daraus, die sie auf den Märkten der Wallfahrtsorte verkaufen. Für die jungen Dorfbewohner sind diese Märkte der Höhepunkt des Winters. Sie amüsieren sich dabei ausgiebig, kampieren neben großen Feuern, singen und tanzen. Aber reich werden sie dort nicht.

Es blieb Jiwan also keine andere Wahl, als sich dem verbotenen Handel mit Haschisch zuzuwenden. Der Hanf gedeiht üppig in mittleren Höhen, gleich neben den bestellten Feldern. Jiwan hatte noch vor Augen, wie seine Schwestern die duftenden Blätter mit ihren Händen, denen hinterher der starke Geruch von Hanf entströmte, zu dunkelgrünen Päckchen formten. Niemand im Dorf rauchte diesen seltsamen Tabak, von dem man berauscht wurde. Die Ware wurde an Zwischenhändler in den Marktflecken der Ebene oder in Kathmandu verkauft, die damit reich wurden. Für Jiwans Familie bedeutete es nicht mehr als ein Zubrot.

Weil Jiwan also nicht auf die Universität gehen konnte, würde er mit seinem Vater und der Herde auf die Winterweiden gehen. Er würde sich dicht an den Höhenkämmen halten, wo es immer kalt ist, damit die Tiere ein dichtes Fell von guter Qualität entwickelten. Im Frühjahr würde er mit den Schafen, die mit Getreide und Salz beladen sein würden, ins Dorf zurückkehren. Er würde an den Festen teilnehmen, auf denen die jungen Leute tanzten, damit der Regen fällt, und eines Tages würde er eine seiner Cousinen heiraten, wie es in seiner Gemeinschaft Brauch war. Er würde in ein Haus mit

Dolpo, 1991. Ein Junge, der eine Karawane begleitet, in einer Jacke der chinesischen Armee.

Dachterrasse neben seinem Vater und seinen Onkeln einziehen, und seine Veranda würde in der Verlängerung der ihren liegen. Aber vielleicht würde er sich sogar ein Haus am Dorfrand bauen, um ein wenig Abstand von diesen Menschentrauben zu gewinnen, in denen es manchmal wimmelte und schwirrte wie in einem Bienenstock.

Unterhalb der Felder wand sich der glänzende Fluss durch die Hügel. Jiwan folgte ihm mit den Augen, bis der Fluss am Horizont verschwand und seine Träume mit sich nahm. Er wusste, dass alle Flüsse zum Ganges führten, dass der Ganges in das Meer mündete und hinter dem Meer eine Welt begann, die er um jeden Preis einmal sehen wollte. Wenn ihm das Studium verwehrt blieb, dann wollte er eben reisen. Er wollte in der Fremde Geld verdienen und eines Tages in das Dorf zurückkehren, eine Karawane von Trägern im Gefolge mit all den schönen Dingen, die es hier nicht gab: Radiogeräte, Uhren, Sportschuhe …

Jiwans Cousin Rujidan hatte drei Jahre illegal in Deutschland in einer Wäscherei gearbeitet. Mit dem Verdienst des ersten Jahres bezahlte er die Schulden zurück, die seine Familie auf sich genommen hatte, um den nepalesischen Vermittler zu bezahlen, der ihm ein Visum und einen Flug nach Frankfurt besorgt hatte. Danach kümmerte sich ein anderer Vermittler, ein Geschäftsmann aus dem Tal von Kathmandu, darum, dass die Ersparnisse auf legalem Weg nach Nepal gelangen konnten. Er investierte die Summe in Hongkong und bezahlte dann die Familie des illegal Reisenden aus. Rujidan war mager und traurig weggegangen, feist und rosig kam er wieder zurück. Wer unter den Weißen lebte, wurde wohl wie diese.

So träumte Jiwan einige Jahre, während er seinem Vater beim Viehhüten half. Er träumte, wenn er »die blaue Silhouette der Berge« betrachtete und in dem von seinen Tieren diktierten Rhythmus »jenes weltvergessene Land, in dem die Zeit stehen geblieben war« durchwanderte. Er hatte diese Wendungen in einem englischen Nepal-Führer gelesen, den ein Tourist unterwegs vergessen hatte. Wort für Wort übersetzte er dessen Inhalt mit Hilfe eines kleinen Wörterbuchs, das er sich bei einem Veteranen der britischen Armee beschafft hatte. Der Vater bewunderte zunächst die Gabe seines Sohnes, aber dann beunruhigte es ihn immer mehr, dass Jiwan sich überhaupt nicht mehr von dem Reiseführer lösen konnte oder ganz in der Lektüre des Wörterbuchs aufging. So war er nicht mehr wirklich überrascht, als der Sohn ihm seinen Wunsch eröffnete, ins Ausland zu gehen. Aber man brauchte Geld für den Vermittler, ohne den man weder ein Visum noch Arbeit bekam. Und dieser verlangte eine horrende Summe, so viel Geld, dass man es in seinem ganzen Leben nicht ersparen konnte: 100 000 Rupien oder etwa 1500 für eine Stelle in den Arabischen Emiraten, wo jedoch eine unerträgliche Hitze herrschte und keine besonders hohen Löhne bezahlt wurden. Für Arbeit in Europa musste man 200 000 bis 300 000 Rupien zahlen, für Japan 400 000 und für die Vereinigten Staaten sogar 600 000.

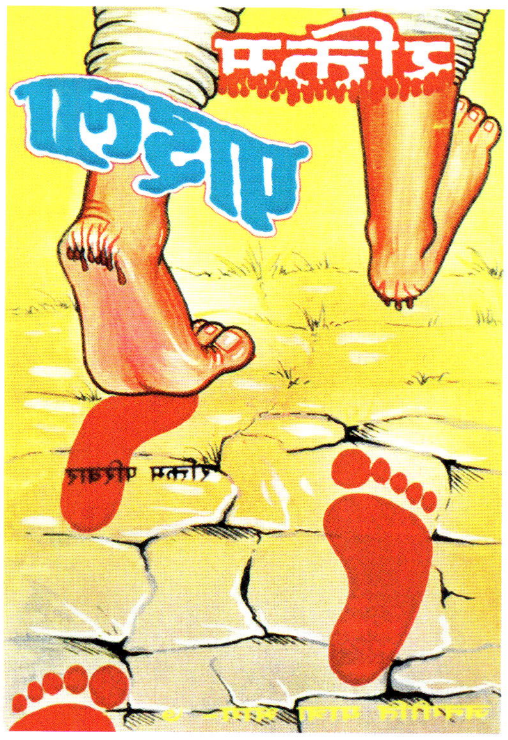

Maoistische Darstellung

Maoistische Darstellung

Jiwans Vater willigte schließlich ein, seine Herde zu verkaufen. Seine Mutter verpfändete ihren Goldschmuck, und Rujidan streckte ihm die verbleibende Summe vor, damit er nach Deutschland gehen konnte. Im Morgengrauen verließ er schweren Herzens sein Dorf. Er wandte sich nicht um, aber er wusste, dass jetzt der erste bläuliche Rauch aus den Häusern aufstieg. Als er bei der Schmiede vorbeikam, die etwas außerhalb des Dorfes lag, hörte er den Hammer hell auf den Amboss schlagen. Dann verklang auch das letzte Bellen der Hunde in der Ferne, und er hörte nur noch seinen eigenen Atem. Gegen Abend hatte er das Gebiet seiner vertrauten tibetobirmanischen Heimat verlassen und gelangte in die bunte Welt der nepalesischen Nation. In einer Herberge nahm er ein Nachtquartier. Er trank von dem süßen Tee und aß von dem Brot, das seine Schwestern für ihn gebacken hatten. Sein Blick wanderte über den lebhaften Marktflecken, wo die Menschen schon in bunte Tücher gekleidet waren und mit Gerätschaften aus Kunststoff hantierten, Verheißungen einer neuen Welt. Aus der Bude des Radiomechanikers drang ein durchdringendes Knattern und Rauschen, aus dem sich schließlich die Stimme eines Nachrichtensprechers herauskristallisierte. Mit monotoner Stimme verlas er, dass im ganzen Königreich schönes Wetter herrschen werde, dass seine Majestät, der König, von einer Reise nach Europa zurückgekehrt sei und die Volksbefreiungsfront den »Krieg des Volkes« ausgerufen habe.

Dies war am 12. Februar 1996. In den westlichen Landesteilen, die Jiwan gerade durchquerte, wurden in Haleri und Athbiskot Polizeistationen angegriffen. Telefonleitungen wurden unterbrochen, und ein Tempel wurde in Brand gesteckt. Es gab keine Toten, aber die revolutionäre Bewegung, die diese Anschläge verübt hatte, kündigte eine Ausweitung ihrer Aktionen an.

Schon Anfang der neunziger Jahre war Jiwan militanten Gruppen aus den Städten des Südens begegnet, welche die Landbevölkerung gegen die »feudalistische Ausbeutung der Bauern durch die Großgrundbesitzer« mobilisieren wollten. Sie trugen einen roten Schal um den Kopf und einen Wanderstock, den sie manchmal in aggressiver Weise schwangen. Es war unübersehbar, dass ihren Worten bald Taten folgen würden. Mit ihrer Propaganda fanden sie in den Dörfern nicht ohne weiteres Anklang. Natürlich waren die Dorfbewohner alle arm, aber das Land gehörte ihnen, und niemand machte es ihnen streitig. In dem Bild, das diese jungen Leute aus den Städten, diese Studenten, die nur Nepali sprachen, von ihnen zeichneten, erkannten sie sich keineswegs wieder. Aber als die Studenten wieder gegangen waren, setzten im Dorf doch Diskussionen ein. Nach dem Volksaufstand im Jahre 1990 und der Zulassung politischer Parteien hatten sich die alten Clans, die traditionell Einfluss auf das Leben der Gemeinschaft hatten, neue Schlagworte zu eigen gemacht, mit denen sie sich zu einer der großen Parteien bekannten. Es war eine politische Arena entstanden. Die Maoisten hatten bei den ersten allgemeinen Parlamentswahlen im Jahre 1991 erste Erfolge erzielt. Diese konnten sie bei den anschließenden Gemeindewahlen wiederholen. Die regierende Kongresspartei versuchte mit allen Mitteln, die revolutionäre Opposition auszuschalten, die sich im Parlament eingenistet hatte, und scheute auch vor kriminellen Aktionen nicht zurück. Die Maoisten reagierten zunächst mit Drohungen und schließlich immer öfter mit offener Gewalt, die manchmal von geradezu erschreckender

Grausamkeit gekennzeichnet war. Die Älteren im Dorf sagten, dass das Land nun in das finstere Zeitalter eingetreten sei, welches das Ende der Zeiten ankündigte. Einige der Jüngeren dagegen meinten, sie wollten für die Wiederkehr des Goldenen Zeitalters kämpfen, in dem Gerechtigkeit und allgemeiner Wohlstand herrschten.

Nach einem viertägigen Fußmarsch und einer eintägigen Busfahrt hatte Jiwan Kathmandu erreicht. Der Flug nach Frankfurt dauerte nicht annähernd so lange. Aber dort verwandelte sich das Abenteuer für ihn und seine vier Mitreisenden in einen Albtraum. Sie waren mit der Gewissheit aufgebrochen, dass sie am Flughafen ein Vermittler empfangen würde, der ihnen bei den Einreiseformalitäten behilflich sein und sie an ihren Arbeitsort bringen würde. Aber niemand erwartete sie. Stattdessen wurden sie mit dem nächsten Flug wieder nach Kathmandu zurückgeschickt. Sie hatten alles verloren: Das Geld ihrer Angehörigen, die Hoffnung, ihnen eines Tages alles zurückbezahlen zu können, und ihre Ehre. Unnötig zu erwähnen, dass sie auch den Betrüger nicht ausfindig machen konnten, der ihnen ein Flugticket zum Dreifachen des regulären Preises verkauft hatte.

Ziellos irrte Jiwan durch die Straßen von Kathmandu. Er stand in der New Road vor den Schaufenstern der Geschäfte, die teure Importwaren anboten. Er blätterte in den Zeitungen, die Händler unter einem großen hundertjährigen Feigenbaum ausgebreitet hatten, ohne sie zu kaufen. Nachdem er einige Artikel gelesen hatte, wich die Erschütterung, die ihn zuvor niedergedrückt hatte, einem stetig wachsenden Zorn. Dieser gab Jiwan neue Energie. Er war nicht der Einzige, den man geprellt hatte: Alle Armen wurden jeden Tag von skrupellosen Reichen geprellt, die behaupteten, die Entwicklung des Landes fördern zu wollen, aber in Wirklichkeit dafür sorgten, dass es »außerhalb der Zeit, außerhalb der Welt« blieb. Aber jetzt wollte Jiwan, genauso wie der Journalist, dessen Artikel er soeben gelesen hatte, diesen Zustand nicht länger hinnehmen.

Warum gab es in seinem Dorf noch immer keinen Strom, obwohl man es ihnen schon so oft versprochen hatte? Warum musste man tagelange Fußmärsche bis zu einem Krankenhaus auf sich nehmen? Warum waren die Apotheken in den Händen von Quacksalbern? Manche Bauern seiner Heimat hatten Apfelbäume gepflanzt, weil sie hofften, mit dem Verkauf von Obst Geld verdienen zu können. Aber die Straße, über die sie ihre Ware zu den Märkten in der Ebene transportieren wollten, blieb auf unbestimmte Zeit bloß ein Projekt. Sollte er zusehen, wie sein Heimatdorf verfiel, und schließlich selber zugrunde gehen? Lieber wollte er kämpfen. Er schloss sich einer revolutionären Gruppe an, die sich zum Maoismus bekannte und Teil einer internationalen Vereinigung war, deren Zentren in den USA und Großbritannien lagen. In der Gruppe traf er auf Angehörige aller Kasten. Der Anführer war Brahmane, aber er hatte auf die Vorrechte verzichtet, die ihm sein Stand nach hinduistischer Lehre zusprach. Er lehnte sie ab. Er war ein Guerillero, und er hatte schon Menschen getötet. Wenn er sprach, fühlte Jiwan Begeisterung und Erregung in sich aufsteigen. Er fürchtete jetzt nichts mehr, denn er war davon überzeugt, für eine gerechte Sache einzutreten. Er wurde in das Zentrum des Landes geschickt, wo die Rebellen aus dem Schutz der Wälder heraus agieren konnten.

Wie ein solches, nicht ganz frei erfundenes Leben endet, davon berichten uns die Zeitungen fast täglich. Vielleicht wurde Jiwan verletzt und bei einem Angriff auf eine Polizeistation gefangen genommen? Oder vielleicht tötete er, der Guerillero, selbst Menschen bei seinem unerbittlichen Kampf darum, den »Menschen der neuen Zeit« Wirklichkeit werden zu lassen? Was mag ihm durch den Kopf gegangen sein, als er die Waffe auf Menschen richtete, er, dem sein Vater den Namen Jiwan, »Leben«, gegeben hatte?

AMMONITEN AUF DEN GIPFELN DES HIMALAYA

Seit Stunden quält sich der Wanderer das steinige Bett des Kali Gandaki nach Norden hinauf, und er wundert sich, dass ihn die heftigen Windböen noch nicht fortgeweht haben. Er ist in einem Seitental unterwegs, in Richtung des berühmten nepalesischen Wallfahrtsorts Muktinath. Um etwas Atem zu schöpfen, lehnt er sich an eine Trockenmauer, die den Hof eines Hauses einfriedet. Starr blickt er vor sich hin, noch ganz benommen vom Wind. Da entdeckt er im Staub zwischen den Kieseln einen Stein, der dunkler ist als die übrigen. Er hebt ihn auf, dreht die runde, glatte Seite um und erkennt den Abdruck eines zur Spirale eingerollten Meerestiers, dessen Riefen so fein gezeichnet sind, dass er einen Augenblick das Werk eines Menschen in Händen zu halten glaubt. Der Ammonit, der sich so glatt in die hohle Hand schmiegt, lässt für einen kurzen Moment die Grenzen der Zeit verschwimmen; die ferne Vergangenheit der geologischen Entstehung des Himalaya verschmilzt auf wundersame Weise mit der erlebten Gegenwart des Wanderers.

INDIEN UND ASIEN

Vor 250 Millionen Jahren erhob sich auf unserem Planeten ein einziger Kontinent aus dem Meer, Pangäa. Diese Landmasse teilte sich in das nördliche Laurasia und das südliche Gondwanaland; dazwischen dehnte sich auf einer Breite von fast 6000 Kilometern das Tethysmeer. Vor 120 bis 80 Millionen Jahren löste sich Indien vom Südkontinent, den es zusammen mit Afrika, Australien und der Antarktis bildete. Es driftete nach Nordosten, wo es vor etwa 50 Millionen mit der Eurasischen Platte verschmolz. Das Tethysmeer verschwand, bis auf einen kleinen Rest, das heutige Mittelmeer. Das Wasser hatte jedoch Sedimente zurückgelassen, aus denen sich durch den gewaltigen Zusammenprall der beiden Landmassen die erste Hebung des Himalaya-Reliefs bildete. So verwandelte sich der Meeresboden in Berggipfel, und das erklärt auch, warum der Wanderer auf seinem steinigen Weg unverhofft auf eines dieser Jahrmillionen alten Fossilien stößt, oder gar dort wo ihm das Wasser des Flusses dunkler als sonst erscheint, einen wahren Schatz an schwarzen, glänzenden Ammoniten entdeckt.

Geologen bezeichnen die Linie des Aufeinandertreffens von Indien und Asien als »Sutur«. Der Verlauf dieser Linie lässt sich am Oberlauf der beiden mächtigen Flüsse Indus und Tsangpo nachvollziehen, die beide im tibetischen Transhimalaya, am heiligen Berg Kailas entspringen. Sie umfließen den Hohen Himalaya, der Indus in westlicher Richtung durch Kaschmir und Pakistan, der Tsangpo in östlicher Richtung. Letzterer bildet eine Schleife um die hohen Berge der Region Pemakö, bevor er sich in die Ebene von Assam ergießt, wo er den Namen Brahmaputra annimmt.

Die Nordbewegung der Indischen gegen die Eurasische Platte hält auch heute noch an, und der gewaltige Druck führt zu einer Zersplitterung der Kontinentalkruste. Im Süden, auf der indischen Seite, erzeugt der Hebungsdruck Schuppen, die auf einer Länge von fast 100 Kilometern aufeinander gleiten. In dieser Zone ist die Erdkruste erheblich verdichtet. Sie bildet das Fundament der Bergriesen des Hohen Himalaya, Nanda Devi, Manaslu, Makalu und Mount Everest, deren Basis mehr als 60 Kilometer tief in die Erde hineinreicht. Doch die geologische Entwicklung in dieser Region ist

Nördliches Dolpo, 1992. Dorf am Fluss Panzang

nicht nur von Wachstum bestimmt, sondern ebenso von Erosion. Zu Füßen der Berge sammelt sich Molasse und eine weitläufige steinige und sumpfige Vorgebirgslandschaft bildet sich aus. Im Lauf der letzten zehn Millionen Jahre wurde diese Bruchzone ihrerseits durch den fortwährenden Druck des indischen Kontinents nach Norden angehoben. Durch Faltungs- und Bruchvorgänge entstand aus dieser Ebene eine neue Hügelkette südlich des Hohen Himalaya, zunächst der Höhenrücken des Mahabharat, dann die Hügel der heutigen Siwaliks.

Die beiden großen asiatischen Ströme Indus und Tsangpo durchbrechen dieses junge Relief, um sich in die Indus-Ganges-Ebene zu ergießen. Aber auch andere mächtige Flüsse haben sich tief in den Himalaya eingegraben: Der Kali Gandaki bahnt sich seinen Weg zwischen den Achttausendern von Dhaulagiri und Annapurna, der in Tibet entspringende Arun fließt östlich am Mount Everest vorbei, die Tista östlich des Kangchendzönga. Die kleineren Flüsse bleiben jedoch Gefangene der Berge. Sie gelangen nicht über Senken wie das Tal von Kathmandu oder das Kaschmir-Becken hinaus, in denen sich vor drei Millionen Jahren noch große Seen ausdehnten.

ALS DIE ERDE BEBTE

Das gewaltige geologische Schöpfungswerk, das vor 50 Millionen Jahren einsetzte, ist noch lange nicht beendet. Die Himalayaregion hebt sich jährlich weiterhin um durchschnittlich einen bis zehn Millimeter und dehnt sich zugleich weiter nach Süden aus. Der Druck Indiens gegen Tibet hat sich auf zwei bis drei Zentimeter jährlich verlangsamt, aber er bewirkt noch immer heftige Erdstöße, die noch fern der Epizentren zu spüren sind. Am 15. Januar 1934 ereignete sich am frühen Nachmittag, genau um 14.13 Uhr, im nordindischen Bihar ein schweres Beben, das nur fünf Minuten dauerte. Aber »erst nach fünfzehn Minuten hörten die Hängelampen in Kalkutta auf zu schwingen. Der durch Erdrutsche in Nepal aufgewirbelte Staub senkte sich erst nach mehreren Tagen. In Bihar waren einige Wochen nötig, um Felder und Dörfer vom hochgeschleuderten Sand zu reinigen, um Straßen und Schienenstränge wieder befahrbar zu machen, und der Wiederaufbau Zehntausender zerstörter Häuser zog sich über viele Jahre hin …« Dieses Erdbeben, über das Roger Bilham anhand von Dokumenten aus der Kolonialzeit berichtet, war das letzte von drei schweren Beben, die den Himalaya in den vergangenen Jahrhunderten erschütterten. Die beiden vorangegangenen, das von Kangra im Jahre 1905 und das von Assam im Jahre 1897, waren mit einer Stärke von mindestens acht auf der Richterskala ähnlich verheerend. Das Beben von Bihar traf das Tal von Kathmandu besonders schwer; hier kam ein Zehntel der Bevölkerung ums Leben und zahlreiche Tempel und Paläste in den alten Königsstädten Bhaktapur und Patan wurden dem Erdboden gleichgemacht. Auch Patna wurde schwer in Mitleidenschaft gezogen.

Solche Berichte über frühere Katastrophen sind von großer Bedeutung, um künftige Beben besser vorhersagen zu können. Seismologen wissen heute, dass ein Aufgleiten von tektonischen Platten nur bei einer Bebenstärke von mindestens acht möglich ist. Im Jahre 1934 hoben sich die niedrigen Berge

Die Entstehung des Himalaya: Vor 60 Millionen Jahren erstreckte sich an seiner Stelle ein Meer.

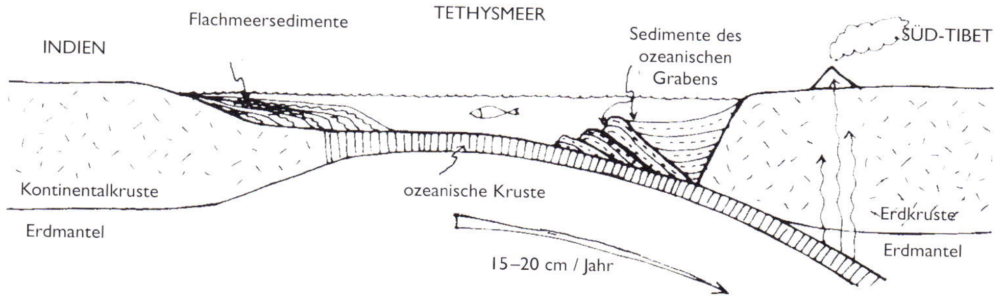

im Osten und Südosten Nepals um über fünf Meter gegenüber den indischen Ebenen. Wenn man weiß, dass sich der indische Kontinent jährlich um zwei bis drei Zentimeter nach Norden verlagert, kann man die »seismische Spanne« berechnen, d. h. die Tiefe der Überschiebung, die notwendig ist, um die seit dem letzten großen Beben neu aufgebaute Spannung abzubauen. Wenn sich heute das Erdbeben von Bihar wiederholen würde, betrüge diese Spanne nur 1,3 Meter; die Bebenstärke würde höchstens sieben auf der Richterskala erreichen, weshalb man hoffen könnte, dass die Schäden begrenzt bleiben.

In einigen Teilen des Himalaya-Bogens gab es jedoch schon seit langem keine schweren Erdbeben mehr; diese Regionen gelten deshalb als besonders gefährdet. Dies gilt z. B. für das Gebiet westlich von Kathmandu bis Dehra Dun, wo letztmals 1803 und 1833 schwere Beben verzeichnet wurden. In Unterlagen der britischen Verwaltung wird jedoch nicht über größere Instandsetzungen berichtet, die gewiss durchgeführt worden wären, wenn die Beben die Stärke desjenigen von Bihar erreicht hätten. In dieser weitläufigen Region konnten sich also, so die Hypothese, die tektonischen Platten seit langem nicht mehr gegeneinander verschieben. Für die Seismologen ist dies Anlass zur Besorgnis, denn die Heftigkeit eines Bebens wächst auch mit der Länge der Bruchzone. Dies lässt eine Katastrophe apokalyptischen Ausmaßes befürchten.

Was auch immer man von diesen Mutmaßungen halten mag, festzustehen scheint, dass die weitere Hebung des Himalaya notwendigerweise mit schweren Erdbeben verbunden sein wird. Aber gerade die am stärksten bedrohten Regionen im Süden des Gebirges sind darauf nicht vorbereitet. Die Urbanisierung schreitet unkontrollierbar fort, und die Vorgaben der Statiker werden nicht eingehalten. Gebaut wird nach dem Prinzip größtmöglicher Kosteneinsparungen; die Ziegel sind von schlechter Qualität, die Stahlbetonskelette zu schwach. Im Kathmandu-Tal, in dem heute über eine Million Menschen leben, sieht man überall Bauruinen mit mehr als drei Stockwerken, deren letzte Treppe bizarr in den Himmel ragt – Symbol eines an Geldmangel gescheiterten Spekulantentums. Die Strom- und Wasserversorgungsnetze werden trotz warnender Stimmen immer komplexer, so dass im Fall einer schwerwiegenden Beschädigung nicht mehr kontrollierbare Brände und Seuchen zu befürchten sind.

Bedenklich erscheinen auch gewisse Wasserbauprojekte, bei denen offenbar die Instabilität des Geländes völlig außer Acht gelassen wird. Ein Beispiel hierfür ist der gewaltige Staudamm von Karnali. Die über 850 Meter lange Talsperre soll ein Drittel des nepalesischen Gewässernetzes im Westen des Landes kontrollieren. Abgesehen von den Erschütterungen, denen das Bauwerk widerstehen muss, dürfte auch das Gewicht des aufgestauten Wassers das Gelände destabilisieren und das Risiko eines Dammbruchs erhöhen. Die dabei entstehende Flutwelle würde die stromabwärts gelegenen, dicht besiedelten Gegenden in den Vorgebirgen und im Gangestal erfassen. Die Natur hat dem Menschen schon wiederholt gezeigt, welche Folgen ein Dammbruch haben kann. 1970 entstand durch einen gewaltigen Bergrutsch im Alkananda, einem Nebenfluss des Ganges, ein natürlicher Staudamm von 60 Metern Höhe. Als dieser brach, raste eine verheerende Flutwelle bis hinunter in die Ebenen von Uttar Pradesh.

Der moderne Mensch mit seinem blinden Vertrauen in eine scheinbar allmächtige Technik ist wenig geneigt, aus den Fehlern der Vergangenheit zu lernen und legt damit ein Verhalten an den Tag,

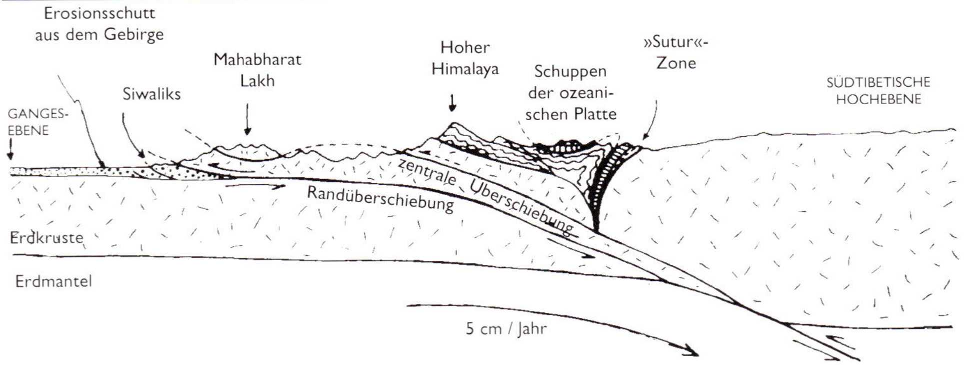

Der heutige Himalaya besteht aus einer Überlagerung mehrerer Schuppen der Erdkruste. Die seismische Aktivität ist vor allem auf die Ausläufer der Siwaliks konzentriert, mit denen das Himalaya-Gebirge in die Gangesebene übergeht.

das in starkem Gegensatz steht zu dem der ländlichen Bevölkerung des Himalaya. Die Bergbewohner haben gelernt, sich ihrer sensiblen Umwelt anzupassen, die Jahr für Jahr vom Monsun heimgesucht wird. Ohne die feuchten Luftmassen aus dem Golf von Bengalen wäre der Himalaya eine Wüste – unweit des Gebirgsmassivs beginnen die Steppen Zentralasiens. Im Mai lassen Hitze und Staub die Bauern besorgt zum Himmel aufblicken, in der Hoffnung, dort die dichten schwarzen Wolken nahen zu sehen, die ihre Ernte sicherstellen. Die Stadtbewohner verfolgen ihren Weg im Wetterbericht, der Tag für Tag in der nationalen Presse kommentiert wird. Wenn schließlich die Luftmassen die Berge erreichen, geht ein sinnflutartiger Regen an den steilen Hängen nieder. Die anschwellenden Flüsse drohen die bestellten Felder zu überschwemmen, und Erdrutsche reißen bisweilen ganze Dörfer mit sich fort. Die Bauern des Himalaya haben unter diesen Bedingungen offensichtlich ein feines Gespür für ihre Umwelt entwickelt, die sie pfleglich behandeln, ohne jedoch auf ihre Nutzung zu verzichten.

In den Mythen, in denen ein Unglück nie ohne Grund passiert, werden solche Naturkatastrophen oft als göttliche Reaktion auf das Fehlverhalten der Menschen gedeutet – wie etwa das jener Dorfbewohner, die einst im Überfluss und Wohlstand lebten. Sie ließen es sich gut gehen und behielten alles für sich, ihre Reichtümer und ihre eigenen Schwestern. Als eines Tages der Gott Bhagwan als aussätziger Bettler zu ihnen kam, verweigerten ihm diese hartherzigen Menschen Obdach und Almosen. Nur ein armes altes Ehepaar, das kinderlos geblieben war, nahm ihn auf. Der mitleidsvolle Gott bat seine Gastgeber, auf den Berg hinaufzuklettern, der sich über dem blutschänderischen Dorf erhob:

»Er hauchte einmal aus,
dann trat der Fluss über die Ufer, das Land versank
eine ganze Woche lang. Fünfzehn volle Tage
hörte man im Dorf Hataban noch
den Hahn krähen, die Hunde bellen,
die Mühle mahlen, den Reisstößel hämmern,
in jenem verbrecherischen Dorf,
krähte der Hahn, bellten die Hunde.«

DER HIMALAYA ALS ZUFLUCHTSORT

Das Szenario der Entstehung des Himalaya, das sich als spektakuläres kosmogonisches Drama gestaltete, lässt wenig Raum für Vorstellungen lieblicher und einladender Täler, die sich hinter diesem Gebirge verbergen könnten. Es gibt auch keine Zeugnisse für eine Besiedlung, die mehr als 3000 Jahre zurückliegen würde. Die ersten Menschen zogen es vor, in den tiefer gelegenen Regionen zu leben. In den Dun-Tälern und am Fuße der Siwaliks, im nepalesischen Tarai, wurden Behausungen aus dem Altpaläolithikum gefunden, das in dieser Gegend in die Zeit zwischen 650 000 und 350 000 v. Chr. fällt.

Ausgrabungen haben gezeigt, dass in dieser Region in vorgeschichtlicher Zeit zwei große technische Traditionen aufeinander trafen. Die eine ist diejenige der Faustkeile indischen Ursprungs, die bis zur imaginären Linie zwischen dem Gangesdelta und dem Kaspischen Meer reicht. Die andere ist diejenige der für China und Südostasien typischen Geröllgeräte. So entstand gewissermaßen als Widerhall des geologischen Zusammenpralls, der ihr Ursprung war, die Welt des Himalaya aus einer Überschneidung zweier bedeutender Kulturen, der indischen und der asiatischen, die ihre Ursprünglichkeit ausmacht.

DIE TIBETOBIRMANISCHEN SIEDLER

Kehren wir jedoch zu den Tälern zurück. Sie zogen zahlreiche Völker unterschiedlicher Herkunft an, die hier aufeinander trafen, einander bekämpften, aber auch Bündnisse schlossen, wobei jedes in gewisser Weise seine Eigenart bewahrte. Beginnen wir im Norden, wo Manjushri, der mit einem Schwert umgürtete Bodhisattva der göttlichen Weisheit, der damals über China herrschte, das von einem riesigen See erfüllte Tal von Kathmandu in eine Zufluchtsstätte für die Menschen verwandelte, indem er mit seiner Waffe eine Bresche in den Kreis der Berge schlug. So konnten die eingeschlossenen Wassermassen zum Ganges abfließen, und in das trockengelegte Tal wanderten die ersten Siedler ein.

Man weiß wenig über sie. Gesichert ist, dass es Gruppen aus dem tibetobirmanischen Sprachkreis waren, die nach und nach von Norden und Osten in das Labyrinth der Bergkämme und Täler des Himalaya eindrangen. Brian Houghton Hodgson, ein britischer Beamter, der 1820 in Kathmandu Dienst tat, war ein bedeutender Gelehrter und spürte mit großer Leidenschaft den Ureinwohnern des Himalaya nach. 25 Jahre lang erkundete er das Land unter allen erdenklichen Blickwinkeln, dem geographischen, zoologischen, religiösen – er sammelte die ersten buddhistischen Sanskrit-Manuskripte. Außerdem interessierten ihn die linguistischen und ethnologischen Aspekte. Hodgson war überzeugt, dass die Besiedlung des Gebirges schon begonnen hatte, »bevor die Tibeter im 7. und 8. Jahrhundert unserer Zeitrechnung die buddhistische Literatur und Religion aus Indien übernahmen.«

Die Vermutung liegt nahe. Man kann sich leicht vorstellen, dass die nomadisierenden Gruppen auf dem tibetischen Hochplateau zu Füßen der weißen Bergketten, die seine trockenen Steppen im Süden begrenzten, die Verheißung von Wasser, von geschmolzenem Schnee erahnten. So berichten es auch die alten Sagen, die noch heute bei diesen Völkern erzählt werden. Jäger gerieten bei der Verfolgung

Nördliches Dolpo, 4500 Meter Höhe, November 1984. Auf der Getreidestraße schützt eine Großmutter ihr Enkelkind vor den ersten Schneeflocken.

Khas-Ritter.
Flachrelief auf einer
Säule im Tempel
von Padukhastan

von Wild in unbekannte Regionen. Durch Zufall fielen Gerstenkörner, die an ihren Kleidern haften blieben oder in ihre Köcher gelangten, auf den Boden der Landstriche, die sie durchwanderten. Als sie später wieder in ihr Jagdgebiet zurückkehrten, standen dort schöne reife Halme. So konnten sie in dem bezaubernden Tal ihre Zelte aufschlagen und sich mit ihren Familien niederlassen. Wenn diese Berichte aus einer fernen Vergangenheit zutreffen, dann sind die Himalayavölker aus diesen ersten Gruppen von Wanderern entstanden und durch spätere Migrationsbewegungen gewachsen.

Im weiteren Verlauf zeichnet sich die Geschichte Tibets immer klarer ab. Die Einfälle und Bürgerkriege, die das Land erschütterten, prägten auch die Besiedlung des Himalaya. Das markanteste Beispiel hierfür sind die Sherpa. Aus alten Dokumenten geht hervor, dass ihr Ursprung, an den auch ihr Name erinnert – *sherpa* bedeutet »Leute aus dem Osten« -, im osttibetischen Kham liegt. Die ständige Bedrohung dieser Provinz durch die gefürchteten mongolischen Nachbarn im Norden bewog die Sherpa dazu, ihre Heimat zu verlassen. Sie wandten sich zunächst nach Zentraltibet, dann nach Süden, von der islamischen Bedrohung Lhasas beunruhigt. Um 1533 überschritten sie den Himalaya und ließen sich schließlich fast 2000 Kilometer von ihrer Heimat entfernt in Solu Khumbu nieder. Als hervorragende Bergsteiger, die das Leben in großen Höhen gewöhnt sind, wurden sie zu unverzichtbaren Helfern internationaler Himalaya-Expeditionen.

Mithilfe solcher Führer wurden auch einige abgelegene Täler so genau lokalisiert, dass sechs von ihnen in letzter Zeit erkundet werden konnten, eines in Bhutan, eines in Sikkim und vier in Nepal. Es handelt sich bei jenen Tälern um Zufluchtsorte für Verfolgte, die in der tibetischen Vorstellungswelt als *beyul* gelten, »versteckte Täler«. Der Legende nach wurden sie von Padmasambhava, dem Schutzpatron des tibetischen Buddhismus, unsichtbar gemacht und öffnen sich erst, wenn Gläubige sich in Gefahr befinden.

Padmasambhava wird die folgende Prophezeiung zugeschrieben: »Wenn sich das Glück der Menschen erschöpft und für Tibet die Stunde gekommen sein wird, dass es von Nachbarländern überfallen wird, dann werden die Tibeter in ein verstecktes Land fliehen müssen, das im Süden an das Land Mon grenzt[1]. Die Tibeter werden ihre Heimat aufgeben müssen, ihre Felder, ihren Besitz, ihre Diener, alles, gleich einem Stein, der in Stücke zerschlagen wird.«[2] Als der Dalai Lama 1959 aus Tibet fliehen musste, machten sich Tausende von Tibetern auf die Suche nach dem berühmtesten versteckten Land, Pemakö, in der Tsangpo-Schleife. Aber in den dichten Wäldern dieser Region gab es kein Fortkommen; sie mussten sich auf ihrem Exodus nach Nepal und Indien wenden.

Rajput-Fürst.
16.–17. Jahrhundert

DIE KHAS

Stämme aus dem indoarischen Sprachkreis, die vermutlich aus Zentralasien stammten und unter dem Namen Khas zusammengefasst werden, drangen schon früh von Nordwesten her in die Gebirgskette ein. Bereits im ersten Jahrtausend waren sie im westlichen Nepal ansässig und setzten ihre Wanderung längs der Berge in östlicher Richtung bis Bhutan fort. Die Khas waren die ersten Hindus des Himalaya, Vorfahren der Indo-Nepali, die sehr bald die Bevölkerungsmehrheit des Landes bildeten. Sie waren kriegerischen Werten verpflichtet, die von Barden aus der Kaste der Unberührbaren in zahlreichen Epen verherrlicht wurden. Hiervon zeugen auch vielfältige Flachreliefs auf Steinsäulen am Straßenrand oder an heiligen Orten: Schwertschwingende Helden, von einem runden Schild geschützt, stürmen auf gepanzerten Pferden voran, unseren mittelalterlichen Rittern nicht unähnlich. Das war die Malla-Epoche, deren Blütezeit fast dreihundert Jahre dauerte. Jenes Reich, das seinen Herrscher »König der Könige« nannte, wurde Anfang des 13. Jahrhunderts gegründet und ging Ende des 15. Jahrhunderts so plötzlich unter, dass man glaubt, dieses abrupte Verschwinden aus der Geschichte nur durch eine Naturkatastrophe wie ein verheerendes Erdbeben erklären zu können.

Das Malla-Reich lag im Transhimalaya. Es umfasste nicht nur den Westen Nepals, sondern auch die Reiche Guge und Purang in Tibet und die indische Provinz Kumaon. Sieben Mal wurden zwischen 1287 und 1336 Khas-Truppen von ihren Herrschern zu Expeditionen gegen das Kathmandu-Tal ausgesandt, dem anderen Pol in der Geschichte des Landes. Die räuberischen Könige, die der Reichtum der Handelsstädte der Newar anlockte, waren zugleich tief religiös. Sie brachten den Göttern des Tals in tagelangen Feiern Opfer dar, bevor sie in die umliegenden Orte einfielen und mit ihrer Beute nach Hause zurückkehrten. Man weiß noch sehr wenig über dieses Bergreich, das Elemente aus der indischen und tibetischen Kultur miteinander vereinte und den Hinduismus schützte, ohne den Buddhismus aufzugeben. Es ist ein typisches Beispiel für die kriegerische Seite der Himalaya-Zivilisation, das Gegenteil von den Newar, die eher die städtische Seite repräsentieren.

Mit Hilfe des Malla-Reichs, das weiter nach Osten drängte, unterwarfen die Khas nach und nach die tibetobirmanischen Gruppen, die ihnen vorangegangen waren, die Magar und die Gurung. Mit ihnen entwickelte sich eine Achtung vor der Schrift und eine nicht-orthodoxe Ideologie der Kastengesellschaft. Unwissentlich bereiteten sie damit bereits die spätere hinduistische Kolonisierung vor.

FLÜCHTLINGE WERDEN ZU EROBERERN

Die arabischen Einfälle, die ab Ende des 11. Jahrhunderts in der Ganges-Ebene zur Vorherrschaft des Islam führten, lösten von Kaschmir bis Bhutan mehrere Einwanderungswellen hinduistischer Völker

in den Himalaya aus. Ihr Zustrom hielt mehrere Jahrhunderte an, auch nachdem die islamische Bedrohung weggefallen war. Die Flüchtlinge der ersten Stunde verstanden sich als Verteidiger des Dharma, der hinduistischen Religion. Viele Brahmanen baten bei Malla-Herrschern um Asyl, ebenso Fürsten aus der Königskaste der Rajputen.

Die Gläubigen aus den Ebenen hätten kein besseres Asyl wählen können als den Himalaya, zumal sich auch ihre Gottheiten bei jedem Monsun auf dessen Höhen zurückzogen. Einst machte eine Rajputen-Frau bei ihrer Rückkehr von einer Wallfahrt zum Manasarovar-See am Fuße des heiligen Berges Kailas in Jumla Rast und bat bei Brahmanen um Asyl; dort gebar sie einen Sohn. Der König der Könige erkannte sogleich die Bestimmung des jungen Flüchtlings, des künftigen Baliraj. Aber erst nach vielen Wirrnissen und nachdem er die Tochter des Herrschers geheiratet hatte, konnte Baliraj den Thron von Jumla besteigen, über das er bis 1404 herrschte. Seine fantastischen Abenteuer sind vielleicht gar nicht so weit von der Wirklichkeit jener feudalen Epoche entfernt, in der zweckdienliche Eheschließungen und Adoptionen zum politischen Tagesgeschäft gehörten. Auch die Flucht des streng hinduistischen Königs von Mithila (des heutigen Bihar) vor dem Sultan von Delhi ist in diesem Zusammenhang erwähnenswert. Er floh 1326 in Begleitung seines Hofstaats, seiner orthodoxen Brahmanen und seiner Gottheiten, darunter Taleju, die zur Schutzgöttin der Herrscher von Newar wurde, in das Tal von Kathmandu.

Wie die Geschichte zeigt, wurden die Flüchtlinge rasch zu Eroberern. Einige von ihnen waren Fürsten, die mit ihren Priestern und Dienern auf der Suche nach einem Gebiet waren, in dem sie sich niederlassen und den Kult einer hinduistischen Gottheit begründen konnten. Andere waren einfach wagemutige Siedler, die in einer neuen Gegend ihr Glück versuchten. Es ist oft schwierig, die tatsächlichen Ursprünge der Einwanderer von falschen Abstammungsberichten zu trennen. Alle aber gehören dem Kastenwesen an: Der König bildete den Mittelpunkt einer hierarchischen Ordnung, auf deren Stufenleiter die Brahmanenpriester und die Kriegerkaste der Kshatriya, die Rajputen, ganz oben standen, während die Handwerker – Schmiede, Schneider und Schuster – einen niedrigen Status hatten. Daraus ergab sich eine Reihe komplexer Ernährungsvorschriften und sexueller Verbote, deren Einhaltung viel strenger gehandhabt wurde als zu Zeiten der Khas.

In das durch die Auslöschung des Malla-Reichs im Westen entstandene Vakuum strömten neue Eroberer ein, die Thakuri. Nach und nach gründeten sie etwa achtzig Fürstentümer, die alle nach dem Vorbild der indischen Monarchien gestaltet waren. Diese Kleinreiche prägten das ganze Himalayagebiet nachhaltig, und wenngleich sie heute offiziell nicht mehr existieren, sind sie in der Erinnerung der dortigen Bevölkerung noch immer lebendig.

[1] Sammelbezeichnung für die südlichen Nachbarn der Tibeter.
[2] *Guide to the Hidden Land of the Valley of Artemisia*, zitiert in Allen 1999.

VIELE STÄMME, EINE NATION

Historisch sind zwei Einwanderungswellen belegt, zum einen die der Mongolen aus Tibet und Assam, zum anderen die der Arier, die vermutlich aus Zentralasien kamen. Möglicherweise gibt es im Himalaya noch eine dritte Urbevölkerung, die auf eine Zeit vor der Ankunft der Arier in Nordindien zurückgeht, die so genannten Weddide. Diese Hypothese stützt sich auf kleine Gruppen von Jägern und Sammlern, die im Dschungel des unteren Himalayagebiets leben und deren Sprache wie diejenige bestimmter tibetobirmanischer Gruppen – etwa der Magar – auf ein munda- oder austroasiatisches Substrat verweist. Dazu gehören etwa die Bevölkerungsgruppen der Kusunda und der Raute, die Raji, von denen viele sesshaft geworden sind, so wie die Chepang und die Hayu.

Die Nomaden leben fast ausschließlich vom Früchtesammeln, dem Fischfang und der Jagd. Bei ihren kurzen Begegnungen mit Ackerbauern tauschen sie Wild gegen Getreide und handwerklich gefertigte Gegenstände, wie Kleider und Werkzeuge aus Eisen. Auch Honig zählt zu den Handelsgütern: Die Raji beherrschen als einzige die gefährliche Kunst, auf mächtigen Bäumen in einer Höhe von manchmal über 30 Metern die Bienenvölker auszuräuchern und so den kostbaren Nektar zu ernten. Die Rauten fertigen Schalen und Behälter aus Holz und tauschen oder verkaufen sie. Diese verschlossenen Männer und Frauen beschränken jedoch ihren Austausch mit Fremden auf das unbedingt Notwendige. Bisher ist es noch keinem Ethnologen gelungen, am Leben der Raute teilzunehmen.

Johan Reinhard berichtet in einer Monographie über die Raji von seinen Versuchen, Ende der sechziger Jahre während eines Aufenthalts in Kathmandu in ihr Leben Einblick zu gewinnen. Er war einer Gruppe begegnet, deren Häuptling bereit war, einige seiner Holzschalen zu verkaufen, welche die Stammesmitglieder in ihrer Mußezeit herstellten. Dieser anfängliche Erfolg gab Reinhard Hoffnung auf eine künftige Zusammenarbeit. Doch als er wieder in das Lager der Raute kam, wurde er zwar höflich und reserviert empfangen, dann aber gebeten, den Ort zu verlassen, nachdem er neue Gefäße erworben hatte. Dies wiederholte sich in derselben Weise noch etliche Male. Der junge Ethnologe brauchte fast sein ganzes Stipendium für die Beschaffung dieser Behältnisse auf, ohne jemals mehr über die Raute in Erfahrung zu bringen, bis diese schließlich das Lager abbrachen und verschwanden. Ihm blieb der Trost, die Magazine im Keller des Ethnographischen Museums in Wien um eine beeindruckende Sammlung von Schalen bereichert zu haben.

Die Nomaden wandern in kleinen Gruppen von einigen Dutzend Personen, die von einem Häuptling mit dem Namen »der an der Spitze geht« (bei den Raji bedeutet dies *agwani*) geführt werden. Sie führen eine spärliche Habe, Fischnetze und etwas Federvieh in Tragekörben auf dem Rücken mit sich. Ihre Lager bauen sie in wenigen Stunden auf, wobei sie kleine Hütten aus Zweigen errichten, die sie mit Laub abdecken. Man kann darin nicht stehen, aber sie sind groß genug, um einer Familie mit zwei Kindern in der Nacht Schutz vor der Kälte und der durchdringenden Feuchtigkeit des Waldes zu gewähren.

Die Rituale des Lebenszyklus sind offenbar auf ein Mindestmaß beschränkt. Hochzeiten werden bei den Raute ohne großen Aufwand erledigt; sie begnügen sich mit dem Austausch von Broten und gegenseitigen Segenswünschen der beiden Partner. Ebenso schlicht sind die Bestattungen. Die Ver-

Westnepal, 1996.
Vor einer Feuerstelle wiegt ein Raji-Mann sein Kind in den Schlaf, im Schutze seines aus Blättern und Ästen errichteten Zeltes.

storbenen werden unter einem Baum im Wald begraben. Ins Grab legt man ihnen die Werkzeuge, mit denen sie ihr Erdenleben gestaltet haben und die sie, wie man wohl annimmt, auch in der anderen Welt brauchen werden. Bei verstorbenen Männern werden Pfeil und Bogen sowie ihre Hacke und ihr Beutel in Höhe des Kopfes mit in die Erde gelegt. Frauen werden mit Reis gefüllte Schüsseln und Töpfe mitgegeben. Nach der Trauerzeit verlässt die Gruppe den Ort, an den sie nie wieder zurückkehrt, und es bleibt von ihr nichts weiter als die Ahnung eines bescheidenen und freien Daseins.

Es scheint, dass die Sesshaften ein recht ambivalentes Verhältnis zu den »Nomaden des Waldes« haben. Zunächst einmal betrachten sie diese wandernden Völkchen mit den wenigen Habseligkeiten mit einer gewissen Herablassung, und ihre Äußerungen erinnern bisweilen an La Fontaine und die Fabel vom wohlgenährten Hund und dem hungrigen Wolf. Andererseits schreiben sie ihnen die unterschiedlichsten Fähigkeiten zu, vor allem diejenige, ihre Töchter mit Magie bezaubern zu können, damit sich diese den Nomaden anschließen. Früher standen die Raji-Schamanen, die *gurwa*, im Ruf, ein Gebiet vor Tigern schützen zu können, die dort Vieh rissen und manchmal auch Menschen töteten. Wenn der Zauberer erfolgreich war, wurde er von der Gemeinschaft mit Korn bezahlt und bekam eine Urkunde, die das Siegel des Königs trug.

STAMMESHÄUPTLING ODER HINDUISTISCHER KÖNIG

Als das Volk der Thakuri in Begleitung von Handwerkerkasten in den Himalaya eindrang, traf es dort auf seine rauen Vettern, die Khas. Unter diesen Begründern von Königreichen und tibetobirmanischen Stammesterritorien sind insbesondere die Magar und Gurung im Westen und im Zentrum von Nepal und die Kirant im Osten von Bedeutung. Die Historiker sind sich darin einig, dass Erstere sich durchaus kooperativ gegenüber ihren neuen Herren verhielten, im Gegensatz zu Letzteren, die erbitterten Widerstand leisteten. Aber auch im Westen vollzog sich die Eroberung des Himalaya nicht im Handumdrehen.

Die tibetobirmanischen Stammesterritorien waren weder Königreiche noch Fürstentümer, auch wenn in Legenden oder mündlichen Überlieferungen auf dem Lande meist der Begriff *raja* verwendet wird. Traditionell war diesen Stämmen das Kastensystem unbekannt, und es gab in diesem Sinne keine gesellschaftlichen Unterschiede. Dennoch genossen die Gründerstämme gewisse rituelle Vorrechte auf das Land, die Hauptquelle des Reichtums, was wiederum ihre politische Rolle stärkte. Daneben konnten aber auch Menschen aus der Masse heraustreten und durch ihr Charisma zu großen Führern werden, denen es gelang, mehrere Gruppen zusammenzufassen, die aber trotzdem keine hinduistischen Herrscher waren.

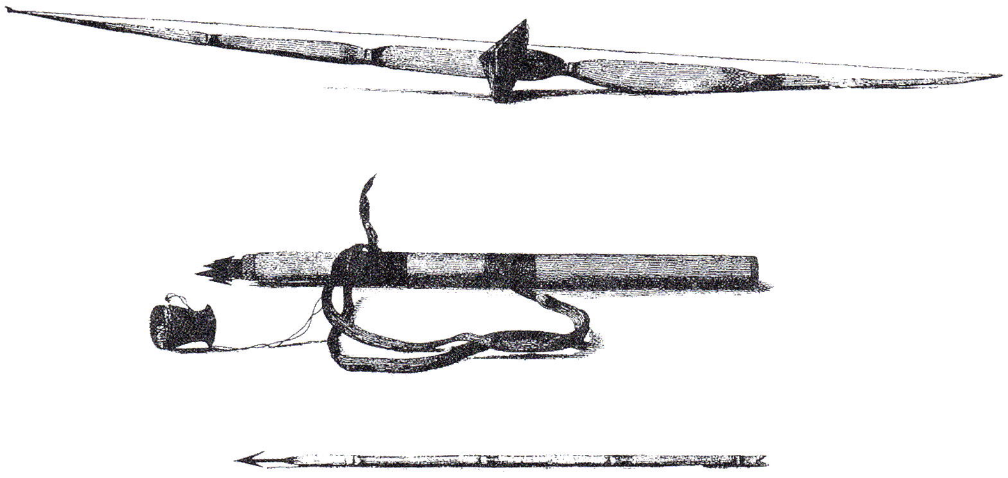

Bogen, Köcher und Pfeil

Plakat des Films *Simarekha* (*Die Grenze,* 1998), in dem die Unterwerfung der Stammesgemeinschaft der Magar (unten rechts) durch die Thakuri (oben links) im 16. Jahrhundert erzählt wird.

»DER GRUNDSTEIN«

Ein Theaterstück, das 1943 erschien und wegen der Aufregung, die es auslöste, zu einem Denkmal der nepalesischen Literatur wurde, illustriert die zeitgenössischen Schwierigkeiten einer zwar nicht gescheiterten Eroberung, so doch einer schwierigen Einigung. Der Autor stellt die Eroberung von Gurkha, eines Stammesterritoriums der Magar, im 16. Jahrhundert durch Drabya Shah, dem Ahnherrn der Shah-Dynastie dar. Dieses Ereignis schuf die Grundlage für die spätere Nation, denn von hier aus brach Prithvi Narayan, der Einiger Nepals, nach seiner Thronbesteigung im Jahre 1742 zur Eroberung des Landes auf. Aus diesem Grund heißt das Stück auch »Der Grundstein«. Zwei Gruppen treten auf: Die reinen Hindus, die die Initiation empfangen haben und aus diesem Grund »zweimal Geborene« genannt werden, und die »Alkoholtrinker«, die für die Stammesbevölkerung stehen, die zwar nicht unrein ist, aber in der Kastenhierarchie einen niedrigeren Status einnimmt.

Die erste Szene des dritten Akts spielt in einem Magar-Dorf. Der öffentliche Ausrufer schlägt die Trommel und verkündet, dass von diesem Tag an die Dorfbewohner ein Maß des in jedem Haus gebrauten Bieres sowie das beste Stück vom geschlachteten Schwein an den »König« abgeben müssen. Und sei dies noch nicht genug, sollen sich künftig auch die Bräute am Vorabend ihrer Hochzeit in den Palast begeben. Die Ankündigung führt zu heftigen Unmutsäußerungen seitens der Dorfbewohner, die über die plötzlichen Forderungen eines Königs empört sind, dem sie nicht mehr trauen können.

Im nächsten Akt werden die Stereotypien entwickelt, die den »zweimal Geborenen« und den »Alkoholtrinkern« zugeordnet sind. Der Magar-König Mansingh führt vor seinem Palast ein Streitgespräch mit vier Personen: seinem Sekretär, dem Magar Ale, einem Brahmanenpriester, einem Chetri und dem Gurung Ghale. In einem unbeholfenen Nepali, das er noch nicht richtig beherrscht, sagt der König:

»Mansingh: Was wollen mir Bahun (Brahmane), Chetri, Ale und Ghale da für Geschichten erzählen? (Nach rechts) Wenn ich dich in die Haut schneide, blutest du. (Nach links) Wenn ich dich in die Haut schneide, blutest du. Blut ist Blut, Haut ist Haut. Dir wird es weh tun, und dir auch. Das hat alles überhaupt nichts zu sagen.

Der Brahmane: Herr, wir haben diese Vorschriften nicht erfunden. Das Kastensystem hat es schon immer gegeben. Was willst du an seine Stelle setzen?

Mansingh: Was hältst du davon, Ghale?

Ghale: Herr, Menschen sind Menschen und keine Schafe, die sich gleichgültig miteinander vermischen. Die Bahuns bleiben bei den Bahuns, die Chetri bei den Chetri …

Ale: Von Geschlecht zu Geschlecht, seit Generationen sind die Alkoholtrinker von den zweimal Geborenen getrennt und erweisen ihnen Achtung.

Mansingh: Was erzählt ihr mir da? Du bist mein Sekretär, und du erweist dich nicht als besonders klug! (Der König trinkt noch mehr Bier und bietet dem Chetri davon an.)

Mansingh: Du trinkst kein Bier? Warum nicht? Du isst Yoghurt! Wir trinken Bier. Es ist dasselbe. Die Milch verwandelt sich genauso, wie das vergorene Korn zu Bier wird! Ale! Wir sind alle gleich! …«

Am Ende des Akts versucht der Brahmane nochmals, den Magar-König zu überzeugen und sagt mit fester Stimme: »Wenn du uns zu deinen Ratgebern machst, werden unsere Regeln angewandt werden und du wirst nichts dabei verlieren.« Aber Mansingh will nichts davon hören. In seiner wachsenden Trunkenheit spottet er über die Scheinheiligkeit und die Humorlosigkeit der Brahmanen und beendet seine Tirade mit dem Ausruf: »Möge dieses Königreich nur noch von Alkoholtrinkern bevölkert sein!« Damit ist klar, dass der Magar-König sich von seiner eigenen Gemeinschaft abschneidet, und zwar zunächst durch seine Exzesse, aber auch durch die Weigerung, die neuen Regeln einzuhalten und einen hinduistischen Staat zu schaffen.

Vereinigungen zur Verteidigung der Magar-Gemeinschaft haben dieses Porträt des Königs als beleidigend verurteilt, und es kam zu öffentlichen Verbrennungen des Stücks. Der Magar-König erweist sich in der Tat als grober Tyrann, der das Ius primae noctis für sich in Anspruch nimmt; er ist zügellos in seinem Verhalten und provoziert die Menschen mit seinen Entscheidungen. Sein schlechtes Nepali verstärkt außerdem das Bild eines ungehobelten Königs, im Gegensatz zum Brahmanen, der höflich seine Dienste anbietet. Aber die vom Autor vorgeführte Person besitzt auch eine andere Seite. Dieser königliche Narr spricht gewisse Dinge aus, die für hinduistische Ohren äußerst frevelhaft klingen: Sind wir nicht alle aus demselben Fleisch und demselben Blut? Wie naturgegeben ist also das Kastensystem? Warum sollte die Gärung des Getreides unrein sein, diejenige der Milch aber nicht? Diese Fragen bleiben im Raum, nachdem der König verstummt ist. Man sieht also, wie sehr der Grundstein der Nation auch ein Stein des Anstoßes sein kann.

Ich erlebe diesen Augenblick wie ein Mann, der im Traume Dinge sieht und fürchten muss, dass sie ihm entgleiten.

EUGÈNE DELACROIX
Marokko, Januar 1832.

Der Himalaya – nicht nur Schnee und Gipfel, Übermaß und die eisige, gottverlassene Kälte der höchsten Bergspitzen der Welt, nicht nur Schwindel erregende Hänge, bodenlose Abgründe und ein unergründliches Blau des Himmels. Diese gigantischen Erhebungen, schroff, feindselig, wie manche glauben, sind auch Menschenwelt. Unmerklich geriet ich in den Bann dieses Universums, fand ich mich gefangen in einer Welt, auf die ich fortan nicht mehr verzichten konnte. Langsam, fester und tiefer als jeder Haken im Felsen, hatte sich in mir das Begehren verankert, mich vollständig auf meine Umgebung einzulassen. Es genügte mir nicht mehr, die verschneiten Abhänge zu erklimmen. Ich wollte die Bekanntschaft ihrer Bewohner machen. Ich lernte Nepalesisch und ließ mich, ausgetretene Pfade verlassend, auf das Abenteuer ein.

Ich komme voran. Der Pulverschnee, in dem wir auf dem Hinweg bis zur Hüfte versunken sind, hat sich verändert. Unter den kräftigen Tritten meiner Absätze zerplatzt eine längst verhärtete und vereiste Kruste. Ich komme voran, mit Geduld, in gleichmäßigem Gang, aber zügig. Vor uns liegt der Kagmara, der »Pass, auf dem die Krähen verenden«, das in 5400 Metern Höhe gelegene westliche Einfallstor ins Dolpo.

Chultim, der hinter mir geht, ermahnt mich wiederholt, mir Zeit zu lassen. Doch ich will, dass wir die Passage so schnell wie möglich hinter uns bringen. Dunkle Ahnungen beschäftigen mich. Das Bein vorsetzen, den weißen Panzer abklopfen, sich eines Halts im darunter liegenden Pulverschnee vergewissern, in der Bewegung nach vorn das Gleichgewicht halten und erneut ansetzen. Wie oft habe ich diese Abfolge wiederholt, wie oft diesen Schritt heute getan?

Ich blicke auf. Ein Schneefink hat sich in wenigen Metern Entfernung von mir niedergelassen. Er zwitschert vor sich hin, in der Stille, die nur von Chultim und mir gebrochen wird. Wir sind aufs Gehen konzentriert, sind uns der beunruhigend weiten, noch vor uns liegenden Wegstrecke bewusst, auch wenn keiner von uns beiden ein Wort darüber verliert. Wir sparen jedes Quäntchen Energie. Flügelschlagend hüpft der Vogel auf dem Pfad voran, der sich windungsreich den Berghang hinaufschlängelt, und hockt sich ein paar Meter entfernt wieder hin. Rund und pummelig wirkt er in seinem zum Schutz vor der Kälte aufgeplusterten Federkleid, unter dem sich ein Körper von kaum ein paar Gramm Gewicht abzeichnet. In seiner ganzen Winzigkeit aufgerichtet, spektakelt er sich die Lunge aus dem Leib, flattert weiter, setzt sich nieder, flattert, setzt sich, zweimal, fünfmal, zehnmal. Vor welcher Gefahr will er mich warnen? Der Mensch, der ganz auf sich gestellt dieser unermesslichen Einsamkeit ausgeliefert ist, sucht nach Zeichen.

Ich komme voran und bin in Gedanken bei jenem Stock, der mir auf dem Hinweg vor mehr als einem Monat bei der Durchquerung dieser weißen Hölle, die unsere Augen schmerzhaft geblendet und unsere Haut verbrannt hat, eine Hilfe war. Dieses Stück Holz, ein stummer Weggefährte, auf den ich mich stützte, erleichterte es mir, im Tiefschnee und in den Verwehungen mein Gleichgewicht zu halten. Im sicheren Gefühl, ihn auf dem Rückweg wieder vorzufinden, hatte ich ihn nahe der Baumgrenze sorgfältig versteckt und habe ihn nun vergeblich gesucht. So habe ich mir mit dem Sägemesser aus dem drei Zentimeter dicken Ast einer Buchsbaumart einen neuen Stock geschnitzt. Kerzengerade und schwer schmiegt er sich in meine Hand, doch gleichzeitig liegt mir der Verlust des anderen, treuen, aufgegebenen und verlorenen Wegbegleiters irgendwie auf der Seele. Den Wald haben wir längst hinter uns gelassen. Und angesichts der Herausforderung, die mich erwartet, erscheint mir der verlorene Stock für einen Augenblick wie ein böses Omen. Auch der Vogel ist inzwischen verschwunden.

In Kuruksang, einem winzigen Plateau, dem einzigen waagerechten Fleck in dieser senkrechten Welt, die uns umzingelt, rasten wir. Am Fuße des mächtigen Felsens, der von einem *chorten*, einem buddhistischen Sakralbau, überragt wird, teilen wir uns etwas Müsli, das mit dem noch warmen Tee aus unseren Feldflaschen angerührt ist, und ein paar getrocknete Früchte. Hier, am einzigen Ort in der näheren Umgebung, an dem die Karawanen kampieren können, nimmt der in westliche Richtung führende Pfad eine abrupte Wendung nach Süden.

Richtungswechsel, steilerer Anstieg, größere Höhe. Die Schneekruste ist jetzt so hart, dass ich sie mit meiner Schuhkappe nicht mehr aufsprengen kann. Ich verfluche mich, als ich darüber nachdenke, warum ausgerechnet ich, der Bergsteiger, weder Eispickel noch Steigeisen mitgenommen habe. Aber wir sind nur zu zweit, ohne Träger, auf dem Weg hinauf zu den schwierigsten Pfaden der Region, um den Kontrollposten zu umgehen und um noch einmal heimlich nach Nepal, in jenes Land, zu jenen Menschen zu gelangen, die mir so sehr ans Herz gewachsen sind.

Mein Stock vibriert. Wie einen Bohrer stoße ich ihn ins Eis, um die nächste Trittnische herauszuschlagen. Wie oft muss ich erneut ansetzen, um ausreichend Halt zu finden – vier-, fünf-, zehnmal …

Seit zehn Jahren hat niemand mehr so viel Schnee im Dolpo erlebt, und ich selbst habe ihn im Winter nur auf den Gipfeln der Pässe gesehen, aber noch nie so weit unten.

Doch an all dies denke ich nicht. Mein Blick beschränkt sich jetzt auf das enge Gesichtsfeld meines nächsten Schritts: gerade mal fünfzig Zentimeter nach vorn. Die Splitter des harten Schnees sprengen an der Spitze des Stocks empor. Um mich herum ragt die Landschaft auf, senkrecht, Schwindel erregend, fliehend. Unser Pfad, den wir unter dem festen Schnee erahnen müssen, führt oberhalb des Wildbachs entlang, der hier allerdings, in fast 5000 Metern Höhe, unter einer schlackenartigen Masse aus Eis erstorben ist. An der steilen Seite des Hangs schlage ich eine Stufe heraus, breit genug, um einen halben Fußbreit unterzubringen. Das Eis ist rutschig, gleißend. Mein rechter Fuß kommt voran. Mein Körper folgt der Bewegung gewohnheitsmäßig und mit meinem Gewicht kippe ich nach vorn. Doch ich verfehle die Ausbuchtung! Ich verliere das Gleichgewicht, gerate ins Rutschen. Der Hang fängt mich ab.

Mit beiden Händen ergreife ich meinen Stock, um ihn ins Eis zu rammen, das unter mir wegzugleiten scheint. Aber die stumpfe Spitze kann die Oberfläche nur ritzen. Wenn es mir nicht gelingt, mich vor der Klippe abzubremsen, werde ich sterben. Ich rutsche langsamer, dann wieder schneller, das Gefälle zieht mich weiter unerbittlich in die Tiefe. Die Klippe. Ich stürze. Aufrecht drehe ich mich im freien Fall um meine eigene Achse, sehe dicke, graue Felsstümpfe drohend aus dem fest gefrorenen Bett des Wildbachs hervorragen. Ganz langsam wird mir bewusst, dass ich sterben werde. Seltsamerweise kommt mir in diesem Moment das Bild Chultims in den Sinn, wie er mir von seinen Erfahrungen als Fallschirmjäger bei den SFF1 berichtete, als er eines nachts in den Bergen aufs Geradewohl abspringen musste. Ich sehe ihn, wie er mir die Landehaltung vormacht und beherrsche meinen Körper wieder. Ich ziehe die Knie an, beuge den Rücken, nehme den Kopf zwischen die Hände. Über mir weitet sich, eingefasst von verschneiten Gipfeln, der Himmel wie ein riesiges, intensiv und fast vibrierend dunkel-blaues Tuch … Ich empfinde nichts. Ich höre nichts, nur Stille.

Ich denke zurück an jenen Tag, als ich zum ersten Mal die Augen auf diese grandiose Landschaft richtete. Damals lag ich hoch oben auf einem mit Baumwollballen beladenen bunten Lastwagen, dessen Fahrer mich an der indischen Grenze aufgelesen hatte, um mich nach Kathmandu zu bringen. Der alte Drachen, rundum mit Sittichen, hinduistischen Tempeln und schlitzförmigen Buddha-Augen bemalt, plagte sich unter dem Aufheulen seines bis aufs Äußerste beanspruchten Getriebes und unter heftigem Keuchen seines erschöpften Motors gerade die letzten Meter einer beschwerlichen Steigung hinauf. Eher von der Kälte als vom Lärm oder den Erschütterungen aus dem Schlaf gerissen, hatte ich mich frierend zwischen den Ballen aufgerichtet. Wir hatten den Pass erreicht.

Die mit tausenden Terrassen gestalteten, von zahllosen Pfaden überzogenen Hügel eines weiten Tales boten sich in einer Symphonie aus Grün, vereinzelt von winzigen weißen und ockerfarbenen Sprenkeln strohgedeckter Häuser durchsetzt, dem sanften Spiel der letzten Sonnenstrahlen dar. Dieser von Menschenhand bis ins Feinste ausgearbeiteten Perfektion entsprach die schimmernde und reine majestätische Schönheit der Bergkette, deren Gipfel sich am Horizont abzeichneten. Ihre Formation wirkte so riesig, so beeindruckend und war in so perfekter Weise scharf umrissen, dass ich unweigerlich an eine Theaterkulisse denken musste, die hinter den Hügeln aufgemalt schien. Ich war 21 Jahre alt.

Obwohl ich noch schlaftrunken war, beflügelte mich sogleich die Schönheit dieser Welt. Diese sanfte und stille Fülle, dieses Traumbild von Frieden und heiterer Ruhe wühlte mich auf. Noch spürte ich nichts von jenem Drang, der mich fortan nicht mehr loslassen sollte: die Gewissheit eines für mich noch nicht greifbaren Bildes. Bald sollte es mir manchmal vergönnt sein, diese Wahrheit zu erkennen, der ich immer wieder nachspüren muss. Ganz benommen vom Staunen, trunken von Hoffnungen und einer naiven Glückseligkeit, schlüpfte ich beim Einbruch der Nacht in meinen Schlafsack. Ich entdeckte Nepal, nicht ahnend, dass diese Hügel, bei deren Anblick ich in Verzückung geraten war, dass diese riesigen, einst von Malaria durchseuchten Ebenen, die ich durchquert hatte und dieser tiefe, noch von Tigern bevölkerte Wald nur die üppige Schwelle zu einem kargen und reinen Universum waren, dessen Schönheit, Reichtum und Großmut mich so sehr gefangen nehmen würden.

Prachtvolle, im Nebel und in der Stille der Wälder versinkende Landschaften. Dörfer mit Dächern aus abgerundetem Flechtwerk, jedes Haus von einem Mast gekrönt, an dem die Fahne mit dem Bildnis des Tâ flattert, dem Pferd, das den Göttern die Gebete der Menschen überbringt. Häuser, mit einer Terrasse ausgestattet, auf der man Entspannung finden kann, auf der manchmal die Frauen in der Sonne sitzen und schwatzen. Da sind die schlichten oder zerfurchten Gesichter aller Bauern dieser Welt, die einfa-

chen, seit Jahrhunderten überlieferten Körperbewegungen beim Korndreschen. *Passams*, aus gespaltenem und verknüpftem Bambus konstruierte, über die tosenden Fluten der Flüsse gespannte Brücken. Yak-Karawanen, die aus Tibet eintreffen und Salz, Wolle und Schmalz mitbringen, die vorher gegen Getreide eingetauscht worden sind. Da ist der Lärm der Zimbeln und Trommeln. Da sind die Lamas, die sowohl ihren religiösen Pflichten nachkommen und Feldarbeit leisten als auch ein Familienleben führen. Sie tragen geflochtene Hauben auf dem Kopf, ihre Hände sind knochig, ihre Blicke, von einem flüchtigen Lächeln umspielt, wirken verloren. Da erklingen Gesänge und Gebete …

Alles war mir neu. Und ich, der schüchterne Mensch aus Dijon, fast zufällig auf den Straßen der Welt unterwegs, machte mich auf zu einer Begegnung mit anderen Menschen. Und ich kam zurück. Zweimal, dreimal. Immer wieder. Denn jede Einzelheit dieses erahnten Universums faszinierte mich stets ein wenig mehr als zuvor. Irgendwo unterwegs begann ich, aus einer Laune heraus zu fotografieren. Die toleranten und neugierigen Bewohner des Tsangpo-Tals waren um so mehr bereit, mir diese seltsame Manie zu verzeihen, je länger mein Aufenthalt in dieser Gegend, in der ich mehr als anderthalb Jahre leben sollte, andauerte.

»Wie viele von uns hast du in diesen schwarzen Kasten, den du um den Hals trägst, hineingesteckt?« Die Stimme ist ernst, liebenswürdig. Der Mann weist mit seinem Finger auf den Fotoapparat, den ich gerade wieder auf meine Brust habe fallen lassen. Es ist der Lama Promouke, jener Mann, der in wenigen Tagen die größte religiöse Zeremonie des Jahres anleiten wird: die Austreibung der Dämonen aus dem Tal. In der Menge, die uns umringt, hatte ich nicht bemerkt, wie er sich mir näherte.

Das winzige Dorf schmiegt sich an einen Bergkamm. Die Gassen, sonst so friedlich, sind voller Menschen. Aus dem ganzen Tal haben sie sich aufgemacht, bei der Läuterungszeremonie, die jedes Jahr zur Wintersonnenwende abgehalten wird, dabei zu sein. Es ist die Zeit der Freude und der Hoffnung. Man übernachtet bei Freunden, die Häuser des Dorfes sind voll besetzt. Natürlich ist es ein religiöses Fest, doch der Anlass bietet Gelegenheit zu einem Wiedersehen, zum Austausch von Nachrichten, zum Knüpfen neuer Handelskontakte. Heiratsfähige Töchter und Söhne werden vorgestellt, es wird gelacht und man genießt *tongba*, ein warmes Bier aus fermentierter Hirse, das mit einem feinen, als Trinkhalm benutzten Bambusrohr aus großen Holzbechern getrunken wird.

»Immerzu machst du Fotos von uns«, beginnt Promouke erneut, »Fotos von unseren Gesichtern, unseren Kindern, unseren Freunden. Da drinnen müssen ja sehr viele Leute stecken.«

Er benutzt nicht das Wort *tchorné*, das »rauben« bedeutet, sondern *rakhné*, hineinbringen. Ich bin am Anfang meines dritten Aufenthaltes, es ist mein achter Monat in diesem Tal, aber Promoukes zurückhaltende Art, seine würdevolle, melancholische Schönheit und sein Rang als oberster Lama des Dorfes beeindrucken mich immer wieder. Ich möchte die große Zeremonie gerne fotografieren, doch wage ich nicht, ihn um Erlaubnis zu bitten. Am Abend bietet sich mein Gastgeber Passang, der meine Verlegenheit bemerkt, als Fürsprecher an. Zwei Päckchen Zigaretten und eine Flasche *rakshi* genügen, um alles klarzumachen, versichert er. Dann wirft er noch eine Hand voll getrocknetem Bambus ins Feuer und verschwindet in der Nacht.

Am anderen Morgen werde ich vom klagenden Ton eines Muschelhorns, das wie ein höchst seltsames Nebelhorn klingt, geweckt. Ich schlüpfe zwischen all den Schlafenden hindurch, dahin, wo dieser anhaltende Wimmerton herrührt: zur *gompa* hinter Passangs Haus. Von der Überdachung hängt die große Trommel herab. Schlägt man auf ihren Mittelpunkt, entsteht ein starker und tiefer Ton, der die Brust erzittern lässt. Ein Dutzend Lamas, in schwere Gewänder gehüllt, sitzen mit ihren Gehilfen vor niedrigen Tischen und stimmen dumpfe, ernste Litaneien von düsterem, manchmal rauem Klang an.

Vor ihnen stehen in Reichweite mehrere große *tongbas*, deren Ränder als Glück verheißendes Zeichen mit Mehl bestäubt sind, dazu einige Bambus-Trinkrohre mit silbernem Mundstück. Ab und an beugt sich einer der Teilnehmer nach vorn, nimmt einen kräftigen Schluck und wechselt ein paar Worte mit dem Sitznachbarn, bevor er wieder in den Singsang einstimmt. Plötzlich ändert sich der Rhythmus. Der Ton steigt an, wird schneidender, wechselt abrupt, und der Text wirkt nun wie abgehackt. Auch die Mimik der Gesichter, die alle über das gleiche Buch, das einer der Gehilfen mit dem Schein einer Fackel beleuchtet, gebeugt sind, verändert sich. Der Ausdruck verhärtet sich, fast wirkt er hasserfüllt. Mit konzentriertem Blick wird der Lauf eines Fingers verfolgt, der nervös über das Blatt fährt. Im Halbdunkel leuchten Butterlampen, und kurz darauf entdecke ich im Licht eines fast waagerecht durch eine winzige Öffnung eindringenden Sonnenstrahls mehrere Männer, die aus Mehl und Butter Götter- und Dämonenfiguren formen. Die Austreibung, die vier Tage lang andauern wird, hat begonnen.

Einer der Männer bedeutet mir, einen Schluck Bier zu nehmen. Ich beuge mich über eines der Mundstücke, die aus dem mächtigen, aus einem Baumstumpf geschnitzten Gefäß ragen, und koste begierig den warmen Alkohol. Ich bin hungrig, mir ist kalt, und so sauge ich kräftig an dem Bambusrohr. Ich will mich dieser fremdartigen Atmosphäre ganz hingeben. Der Lama Promouke sitzt in einer Ecke, still, konzentriert, wie unbeteiligt …

Wie viel Zeit ist vergangen? Unvermittelt, unter dem Dröhnen der Becken, erheben sich alle. Die Holztür knarrt und öffnet sich. Wir gehen hinüber auf den lichtdurch-

fluteten gepflasterten Hof. Um uns herum sind die Dorfbewohner des ganzen Tales versammelt: Die Leute sitzen oder stehen in den schmalen Gassen, hocken auf niedrigen Mauern, auf Dächern. Es ist ihre Zeremonie. Sie soll böse Geister verjagen, Gespenster und Hexer, das Übel verbannen und alle Hindernisse einreißen, die sich im Leben zwischen den Menschen auftürmen.

Manche der Leute sind anderthalb Tage marschiert, doch ein jeder hat etwas mitgebracht, was er den mit der Austreibung und Vernichtung der Dämonen beauftragten Lamas darbieten will: Reis, Gerste, Hirse, Butter, Tee, Fleisch, manchmal auch einige Rupien.

Drei riesenhafte Gestalten, die drei aus den Wäldern herabgestiegenen Schutzgötter, deren hochragende Masken von Männern getragen werden, trafen bereits gestern mit der Dämmerung ein. Jetzt tanzen sie gemeinsam mit den anderen, mit Göttern oder Dämonen. Masken von Totenköpfen, Ebenbilder des Garuda, Wolfsmasken oder solche mit den runzligen Zügen alter Männer. Ich vermag in diesen Tänzen kaum mehr als Pantomimen ohne Sinn zu erkennen. Den Dorfbewohnern aber offenbart jeder Schritt, jede Mimik, jede Maske eine tiefe Bedeutung. Mir schenken sie kaum Beachtung. Gerührt betrachte ich die Gesichter um mich herum, höre das Lachen, sehe die weit aufgerissenen Augen. Es wird gekichert, kommentiert, man flüstert dem Nachbarn etwas ins Ohr, ohne jedoch die Augen von dem Schauspiel abzuwenden, das in diesen Minuten seinem Ende entgegengeht. Münder sind gespitzt, einige Frauen geben ihren Babys die Brust, heftig kratzt man sich den Schopf unter der Kopfbedeckung aus schwarzer Wolle … Aus dieser dicht gedrängten Menge steigt in der Mittagshitze eine muffig nach Wollfett, Schweiß und Rauch riechende Luft auf. Eingehüllt von solchen Gerüchen, in Farbtönen aus Ocker und Braun und im Spiel des Lichts badend, fühle ich mich wie in einem Gemälde von Brueghel.

Als Tröten, Trommeln und Becken verstummen, wird das Rumoren doppelt so laut. Man reckt sich, gähnt, tummelt sich; Bambuspfeifen mit Köpfen aus Messing werden gestopft; man fingert Päckchen aus der Tasche und bietet den Umstehenden eine Zigarette an, bevor man die eigene anzündet. Dann verstummt das Gemurmel. Die Menschen schauen auf, und ihre Blicke konzentrieren sich auf den Mittelpunkt des umschlossenen Hofes. Hier war der Lama Promouke während der gesamten Zeit erschöpft vor den Gebetsfahnen sitzen geblieben und hatte mit seinem Bambusrohr nur gelegentlich einen kräftigen Schluck *tongba* eingesogen.

Die letzten Tänzer sind verschwunden. Allein zurückgeblieben, in eine weite, uralte, mit Drachen bestickte Seidenrobe von bronzener Farbe gehüllt, erhebt sich der Lama. Ein Gehilfe bringt ihm einen breitkrempigen schwarzen Hut, den Flammenmuster und Totenkopfzeichen zieren, und während Promouke in heiliger Stille geweihte Gerätschaften hin und her schwingt, vernichtet er den symbolischen Dämon, eine Statue aus roter Hirse, die er in seiner linken Hand hält. Ganz langsam senkt sich seine Rechte, aus der das riesige Horn eines wilden Yaks ragt, das sich in die kleine Statue bohrt. Mit einem Pfeil, den ihm ein anderer Diener reicht, deutet er, noch immer in langsamen Bewegungen, einige Tanzschritte an, während er gleichzeitig seine Gerätschaften mehrfach anhebt und senkt. Sein Gesichtsausdruck ist sehr konzentriert. Im Hof herrscht die Stille des Hochgebirges.

Fasziniert von der Ausdrucksstärke des Spektakels schlüpfe ich, meine Leica in der Hand, zwischen den wie versteinert wirkenden Umstehenden hindurch und bewege mich mit klopfendem Herzen auf Promouke zu, der mich nicht sieht. Sein gestenreicher und ernster Tanz hypnotisiert nicht nur die Menge, sondern auch mich.

Hitze und Licht brechen sich auf den hellen Bodenplatten. Mit erhobenen Armen und freier Brust präsentiert der Lama ein Zerstörungswerkzeug nach dem anderen: das riesige Wildyak-Horn, den mit Geierfedern ausgestatteten Pfeil und eine neunschwänzige Schleuder.

Langsam bewege ich mich nach vorn und mache auch mir den verzögerten Rhythmus seines Tanzes zu eigen. Jetzt sind wir zu zweit im Mittelpunkt des Platzes. Hinter Promouke rascheln, wedeln und klatschen die beiden großen Gebetsfahnen im sanften Wind. Alles um uns herum verharrt unbeweglich, still, abwartend. Die mit Goldfäden aufgestickten Drachen flattern jetzt an Promoukes Oberkörper, bauschen sich auf, fallen in sich zusammen, während er den Säbel langsam auf den Dämon senkt, der nun, da er von der glorreichen Macht des Glaubens niedergestreckt wird, in der Fantasie jedes der um uns herum versammelten Bauern zu wimmern und zu schreien beginnt, sich windet. »Unsere Kinder werden nicht mehr sterben, ich werde meinen Yak wiederfinden, meine Ernte wird reich sein, bald werde ich das so ersehnte Kind empfangen, der Handel wird besser werden, meine Zahnschmerzen werden verschwinden …«

Ich kann die Wünsche, das Streben und die Hoffnungen spüren, fühle, wie die stillen Gebete gleich einem stummen, inbrünstigen Schwall aufsteigen. Und von welchem Dämon muss ich mich befreien? Von mir selbst, meiner Schüchternheit, meinen Ängsten, meiner Verblendung? Von allem, was mich einschränkt. Mein Atem hat jetzt den gleichen Rhythmus gefunden wie der des Mannes, der mir gegenübersteht. Das angespannte Gesicht Promoukes ist von dramatischer, hinreißender Schönheit. Es beherrscht mein Blickfeld völlig. Tut er nur so, als wäre ich nicht da, oder sieht er mich wirklich nicht?

Lange, schwarze Haare umfangen sein Gesicht, in dem Hoffnung, Mut, Angst und Siegesgewissheit zu lesen sind. Promouke – bedeutet sein Name nicht »der Mächtige«? Schweißperlen glitzern auf seiner Stirn. Ein Tropfen rinnt herab, sucht sich seinen Weg über die kupferfarbene Wange. Seine Augen sind …

Auch ich bin jetzt in Trance, völlig gebannt. Den herrlichen Kampf, den dieser Mann führt, kann ich sehen, ich fühle ihn, lebe ihn. Ich bin dieser Mann! Ich bin alle Männer und teile mit ihm, mit ihnen unsere tiefsten Ängste und unsere verrücktesten Hoffnungen. Ich bin mir unserer entsetzlichen Schwäche und unserer unermesslichen Kraft bewusst. Ich, der Kunsttischler und Senffabrikant aus Dijon, ich, der ich keinerlei religiöse Kultur habe, jage am Ende der Welt nach Dämonen. Aber wer bin ich denn? Was tanze ich mit diesem tibetischen Lama? Weshalb bin ich hier, im Himalaya?

In 25 Jahren unsteter Suche habe ich mir diese Frage oft gestellt. Heute weiß ich, dass ich Zeugnis geben will von diesen vergessenen, bedrohten Völkern, von diesen Wurzeln, unseren Wurzeln, die mit ihnen zusammen unwiederbringlich verschwinden werden.

Diese Menschen, die ich tief in die Wälder hinein begleitete, die ich beobachtete, wie sie, an Steilwände oder an Bäume geklammert, ihr Leben riskierten, um mit bloßen Händen Bienen den Honig aus riesigen Stöcken zu entreißen. Diese Menschen, denen ich in Tälern begegnete, die so hoch liegen, dass nicht ein einziger Baum gedeihen kann, nutzen den getrockneten Mist ihrer Yak-Herden, um sich zu wärmen. Diese tapferen Leute, deren Überleben von einem fragilen und außergewöhnlichen Salz- und Getreidehandel abhängt, der von Nord nach Süd und von Süd nach Nord über die höchsten Gebirge der Welt betrieben wird. Diese gläubigen Menschen, die alleine, ohne Hilfsmittel, respektvoll und ergeben gegenüber den Kräften der Natur, hunderte Kilometer weit wüstenhafte und öde Landstriche, ihr Land, durchziehen. Diese Menschen, die umherwandern, als ob sie mit diesen Schritten ihre Hingabe in den dürren Boden einprägen, oder, im Gegenteil, dem Boden, der sie trägt, auf diese Weise Kraft entreißen wollten. Mani Lal, Tinlé, Norbu, Promouke, Nanda Lal, Bahadur, Labrang Tundrup, Sano Karma, Passang, Mona, Lakpa Gyalzen, Lundrup, Chultim, Cheuki, Maské – Jäger, Schäfer, Lamas, Schamanen, Männer und Frauen, Fischer, Träger, Eremiten, Pilger – wie viele von ihnen haben mich, für wenige Sekunden oder monatelang, freimütig an ihrer Existenz teilhaben lassen?

Mit Hingabe notierte ich die Bruchstücke ihrer Leben, die Namen ihrer Götter, die Wörter ihrer Sprache in meine kleinen Tagebücher, und meine Fotos fingen, so gut es ging, Szenen ein, deren gefährdete Einzigartigkeit mich heute erschreckt.

Manchmal bin ich von dem, was ich sehe, so gefangen, dass ich mich ganz benommen fühle. Die ganze Welt eines kurzen Moments erlebe ich nur mit meinen Augen. Ich bin ein einziger Blick, ein riesiges, weit aufgerissenes Auge, auf die Welt gerichtet, liebend und leidend, klarsichtig und ergriffen zugleich. Ich halte den Atem an, bin nur noch Wahrnehmung. Und gespannt, besorgt, ihn zu versäumen, erwarte ich den wunderbaren Moment, fühle ihn nahen. Diesen Moment, in dem Pangdjé ein gerade an der Quelle abgebrochenes Stück Eis hoch an ihr Gesicht führt und der Reflex eines Lichtstrahls der aufgehenden Sonne unvermittelt ihren Blick trifft und so auch ihn zum Leuchten bringt. Den Moment, da mein Träger, der eben den unter der wackligen Bambusbrücke tobenden, vom Monsunregen angeschwollenen Fluss überquert, kurz innehält, bevor er den gefahrvollen Weg fortsetzt. Den Moment, in dem der Hahn sich im Korb aufrichtet und seinen Kopf unversehens der Frau entgegenstreckt, die ihn trägt. Jedes Mal hat sich die Blende der Leica geöffnet und wieder geschlossen. Der Hahn hat den Kopf zurückgezogen und sich wieder in seinem Nest tief im Korb vergraben. Der Sonnenstrahl ist längst erloschen. Das Eisstück ist auf den Boden gefallen und zersprungen. Pangdjé, für Sekunden von diesem in ihren Händen aufscheinenden Mysterium, von der Schönheit der Natur verzaubert, hat drei Schritte gemacht und ihre Schultasche aufgehoben. Der Träger hat durchgeatmet, sich ein Herz gefasst und seine Überquerung fortgesetzt. Von neuem gerät die Brücke unter seinem Gewicht ins Schwanken. Und ich lehne an dem Pfeiler des Hauses oder an irgendeinem feuchten Felsen und bin atemlos, zutiefst gerührt, betäubt. Mein Herz schlägt vernehmlich, ich spüre es förmlich in der Brust.

Was habe ich in diesen so kurzen Momenten gesehen? Ein kleines Mädchen, das doch nur mit dem Universum im Einklang ist. Augenblicke der Anmut, in denen Mensch und Natur in einer seltenen alchimistischen Verbindung die Barrieren, die sie sonst voneinander trennen, überwanden und mir flüchtig das Geheimnis einer einzigartigen Harmonie offenbarten. Augenblicke reinen Lebens von so schmerzhafter Präsenz, dass mich das Gefühl überkommt, ich sei zu einem letzten Mysterium vorgedrungen.

Ich bin entkräftet und versuche, meine Emotionen zu verbergen. Wie viel Zeit ist inzwischen vergangen? Vielleicht eine Ewigkeit, durch einen Spalt konnte ich sie erahnen, eine klaffende Tiefe, die mir Schwindel verursachte … Jetzt muss ich durchatmen, denn nun bin ich an der Reihe, die Brücke zu überqueren …

Ein Bild folgt dem anderen. Oft frage ich mich, was Fotos, die nie vollkommen sein können, von jenen flüchtigen Augenblicken überhaupt bewahren können. Die schönsten behalte ich im Gedächtnis, und so bleiben mir diese zufällig genutzten Momente, der Ewigkeit geraubte Blicke, intime Gesten, Widerspiegelungen der Seele, zu deren Zeuge das Glück mich ausersehen hat. Das Lächeln jenes schüchternen jungen Mädchens, das von irgendwoher kam, Lakpa einen Teller *tsampa* (Mehl) anbot, ohne ein Wort zu verlieren, und dann wieder verschwand, gerade so, als sei es uns allen nur im Traum erschienen. Und der verblüffte Blick der Umstehenden und Lakpa, der aus Verlegenheit keinen Ton herausbrachte, stattdessen nur nervös auflachte. Was soll mir von diesen kurzen Augenblicken der Wahrheit anderes bleiben als, nach Luft schnappend

und enttäuscht, das frustrierende Gefühl ihrer Flüchtigkeit und meiner eigenen Vergänglichkeit einzugestehen? Was habe ich vorausgeahnt, was mir vorgestellt? Kann das, wonach ich suche, überhaupt fotografiert werden? Bin ich dazu verurteilt, nach dem Unfassbaren zu forschen, jenem Aspekt unseres Menschseins, der unsichtbar, kurzlebig und so wandelbar ist, dass ihn ein Foto nie wird einfangen können? Bleibt mir nur die Macht der Worte, um zu beschreiben, was ich unter den Menschen dort oben gesehen, empfunden, erlebt habe? Doch wie ärmlich erscheinen mir die Worte, meine Worte, angesichts der Unermesslichkeit des Universums und des Lebens.

Da ist zum Beispiel das Volk der Gurung, die in den abgeschiedenen Hochtälern leben ... Alles begann bei einem Essen, eines abends in Kathmandu: Es fielen die Namen Marco Polo und Francis Bacon, Plinius und Leon der Afrikaner. Auch die Ostindische Kompanie, Venedig, Samarkand, Hongkong und Nowgorod wurden genannt, entschlüpften dem Munde Jean-Paul Guerlains, der uns meisterlich spannend von der seltsamen und faszinierenden Reise des Moschustiers erzählte, das er gerade in Nepal ausgewählt und gekauft hatte.

In seinen ungewöhnlichen, surrealistisch angehauchten Bericht bezog er die Antike ebenso ein wie die entlegensten Hochwälder des Himalaya. Nachdem er von den Laboratorien der gefeiertsten Parfümeure und einem obskuren, geheimnisvollen Netz von Verbindungsleuten erzählt hatte, sprach er über die Haut der kultiviertesten Frauen der Welt. Das genügte, um einen unverbesserlichen Träumer wie mich auf die Fährte des *Moschus moschiferus* zu setzen, des Moschushirsches. Jenes kleine, seltsame Tier der Fauna des Himalaya, zierlich wie ein Kitz, mit Kaninchenohren und säbelförmigen Eckzähnen, weckt mit den seltenen Eigenschaften seiner Drüse vielerlei Begehrlichkeiten.

Wohin bloß würde mich meine Suche führen? Es war mir gleichgültig. So verschlug es mich in jene Täler, die zwischen den letzten Dörfern der Waldgebiete und dem Hohen Himalaya liegen und bis weit in die Bergregion hineinreichen. Für meine Suche habe ich die Straßen und auch die Pfade der Menschen verlassen und stattdessen systematisch, zu Fuß und nur mit einem Rucksack ausgerüstet sämtliche Täler des Gebiets der Gurung erkundet. Es versteht sich von selbst, dass das *kastouri*, wie die Nepalesen das Moschustier, den eigentlichen Anlass meiner Erkundungsreise, nennen, im Laufe der Tour häufig in Vergessenheit geriet. Ich ließ mich gern treiben. Ich war in ein anderes Universum gelangt: in das der Gurung.

Zu den klangvollen Namen, die mich zu ihnen lockten, fügte sich nun eine andere Aufzählung: El-Alamein, Tobruk, Cassino, Palästina, Rimini, Rom, Paris, Falkland ... Große Schlachten, historische Daten, menschliche Raserei ... Am Fuße dieser friedlichen Berge enthüllte sich mir eine völlig andere, überraschende Geschichte. In einer rührenden Mischung aus Naivität, Bescheidenheit und Würde zeigten mir die Männer ihre Wunden, erzählten sie von Granattrichtern, in denen sie sich während der Bombardements vergraben hatten. Sie beschrieben Gefangenenlager, sprachen vom Wein, den sie am Vorabend der Kämpfe getrunken hatten, von den Frauenbekanntschaften einer Nacht und von den Kameraden, die nicht wieder ins Dorf zurückgekehrt waren.

Diese tapferen Leute, deren Väter in unseren Schützengräben vor Verdun gefallen sind, sie, die mir ihre schiefergedeckten Häuser mit Wänden aus Erde gastfreundlich als Unterkunft angeboten hatten, schickten nun ihre Frauen auf die Suche nach einer kleinen, in irgendeiner dunklen Ecke des Hauses verborgenen Keksschachtel aus Weißblech, aus der sie dann, fein säuberlich sortiert, ihre Orden aus dem Zweiten Weltkrieg nahmen! Und unter meinen ungläubigen Blicken reihten sie die kleinen Metallstücke mit ihren verblichenen Bändern eines nach dem anderen auf ...

Denn die Gurung bildeten den Kern der von Indien und Großbritannien eingesetzten Gurkha-Truppen. Diese Kämpfer von 1940, deren Söhne als Blauhelme in Ex-Jugoslawien dienen, diese Söldner, die eine der schlagkräftigsten und gefürchtetsten Armeeeinheiten der Welt bilden, habe ich in die Wälder begleitet, darauf bedacht, keinen Lärm zu machen, darum besorgt, nicht hinter ihnen zurückzubleiben und sie so nur aufzuhalten, ihr gewohntes Tempo einzuschränken. Von ihnen habe ich gelernt, die Geschichte der vorangegangenen Tage und Stunden zu lesen: die Spuren eines Leoparden, die eines *kastouri* oder eines Bären, die den Weg gekreuzt hatten.

Kamen diese entschlossenen Kämpfer aus den Kriegen zurück, dann ließen sie sich, selbst wenn diese noch so barbarisch gewesen waren, wieder ganz friedlich in ihrem Dorf nieder, kauften von ihren Ersparnissen ein paar Büffel, bauten vielleicht auch ihre Häuser aus, weil sie wussten, dass man ihnen in jedem Winter eine Rente überweisen würde. Und dann beteten sie weiter zu ihren animistischen, buddhistischen oder hinduistischen Göttern. Sie zogen sich ihre Lendenschurze wieder an, die nun manchmal von einem Armeegurt zusammengehalten wurden. Und auch wenn auf ihrem Hemd, das der Dorfschneider genäht hatte, fortan zwei Brusttaschen prangten, so liefen sie doch weiterhin barfuß. Die Gurung, dieses Volk an den Ausläufern des Himalaya, sehen wie große Nachtfalter aus, in ihren weiten Wollumhängen, die mit der Zeit die Farbe des Tabaks annehmen, den sie rauchen, und die des Laubs, das sich auf ihnen abdrückt.

Meine Suche, die mich von Jean-Paul Guerlain zu den Honigsammlern führte, zu den Gurkhas, nach London, zurück ins Land der Gurung und zu den Moschusjägern, gleicht den anderen Exkursionen, die mich stets quer über den Himalaya führten. Denn diese Begegnungen habe ich, wie alle anderen, die ich erleben durfte, weder provoziert noch gesucht. Sie konnten zu Stande kommen, weil ich

mich treiben, mich vom ursprünglichen Weg abbringen ließ und aufgeschlossen war. Wenn man sich treiben lässt, erschließt man für sich selbst mehr als jeder Führer, und die Zeit ist der beste Verbündete.

Und dann, eines Tages, wollte ich dem Tauschhandel in den Dörfern der Hochtäler, den ich mehrfach miterlebt hatte, nachspüren, zu seinem Ursprung finden. Woher kam das Salz, woher waren die Yaks, und wer waren jene Männer mit mongolischen Gesichtszügen, die sich für dieses archaische Geschäft furchtlos den Gefahren der Berge aussetzten? Zum ersten Mal erfuhr ich vom Dolpo und seinen Bewohnern, den Dolpo-pa. Als Kind, so erinnere ich mich, träumte ich oft vom Herumstreunen im Wald oder in den Bergen, oder ich sah mich auf der Suche nach Wasser und nach Holz. Dabei passierte ich eine unsichtbare Grenze. Ich drang in eine unbekannte Dimension vor oder entdeckte ein versunkenes Universum. Niemals konnte ich mir vorstellen, dass dieses Anderswo, vergessen in irgendeinem Winkel der Erde, wirklich existieren könnte. Und doch war es vorhanden. Der Himalaya gab mir sein kostbarstes Geheimnis preis, das hinter den tiefsten Wäldern und den höchsten Gipfeln lag: Beyul, eines der legendären »verborgenen Reiche«, das im Westen bis Mitte der fünfziger Jahre unbekannt geblieben war.

Mit dem Sherpa Lakpa Gyalzen, den ich gerade kennen gelernt hatte und der während meiner Zeit im Himalaya mein ständiger Begleiter blieb, gelangte ich dorthin. Ich hatte überhaupt keine Vorstellung davon, was mich erwartete. Aus Zerstreutheit oder eher vor Aufregung angesichts dieser Reise in unbekannte Gefilde hatte ich in Kathmandu sogar die Fotokopie einer amerikanischen Karte vergessen, die ich – genau wie die damals kaum zu erlangende Einreisegenehmigung für diese gesperrte Region – nur unter großen Schwierigkeiten in die Hände bekommen hatte.

Der Weg durch die Schluchten des Tarap-Flusses, der dorthin führt, ist wie der Übergang in eine andere Welt, gleicht einer Initiation. Im Sommer ist er wie verzaubert, wirkt wie das Motiv eines japanischen Drucks. Wacholdersträucher winden sich mühsam aus den Ritzen der Felsen heraus. Wolkenfetzen kleben an Steilhängen, an deren Fuß der eisige Lufthauch des wild aufschäumenden Gebirgsflusses weht, den man mehrfach über wacklige Holzbrücke queren muss. Der verschlungene Pfad, der an manchen Stellen von den Fluten fortgespült oder von einer Lawine überrollt wurde, ist so schmal, dass ihn nur Menschen, Schafe oder Ziegen begehen können. Direkt in den Fels geschlagen oder gebrochen, windet er sich auch an den unzugänglichsten Bergen entlang. Nach einem Marsch von drei Tagen, am Grunde tiefer Schluchten entlang und meist ohne einer Menschenseele zu begegnen, ist alles wie verändert: Klima, Landschaft, Sprache, Lebensweise. Es gibt andere Götter, und selbst die Farbe des Himmels ist ungewöhnlich. Das milchige, sanfte Blau der Hügel und Ebenen wird abgelöst vom tiefdunklen Blau des Himalaya-Himmels.

Anstelle der üppigen Vegetation von Rong, der waldreichen, fruchtbaren Kornkammer, liegt nun Dolpo vor uns, das verborgene Land, umzingelt von einem ausgedörrten Hochgebirge, über das der Wind fegt. Auf den Höhenlagen der Pässe schimmert die vereiste Schneedecke der Berge. Die große Höhe, die Unendlichkeit dieser Mondlandschaft, das Indigo des Himmels, das Lichtspiel der Schäfchenwolken, die entlang der malven- und ockerfarbenen Steilhänge in Richtung der verschneiten Gipfel treiben – alles in dieser Welt ist von anderer Natur, einer vorgeschichtlichen Natur, von der Ewigkeit geprägt. Pracht, Übermaß, Trostlosigkeit. Und es ist, als erklänge inmitten der Stille ein dumpfes Brummen aus den Tiefen dieses mineralischen Universums. Dann plötzlich zeichnen sich hinter der Biegung unseres Pfads, in der Mulde eines Hangs und gegen das Grau der Kiesel die zarten Grüntupfer der winzigen Gerstenfelder ab, deren Erträge nicht einmal jene ernähren können, die sie bestellen. Da sind ein paar Dörfer mit Häusern aus Stein, bewohnt von Menschen, die jenseits unserer Zeit zu leben scheinen.

Weil ihre Krume trotz beharrlicher Bearbeitung mit Pflugschar und Hacke zu karg bleibt, verlassen die Dolpo-pa ihre Dörfer zweimal im Jahr und ziehen mit ihren Yaks ins Changtang. Im Norden, in Tibet, beladen sie ihre Lasttiere mit dem Salz der großen Seen, das nach einer weiteren wochenlangen Reise, nun in Richtung Süden, gegen Getreide aus den fruchtbaren Tälern Nepals eingetauscht wird.

Diesen jahrhundertealten Handel wollte ich mit eigenen Augen erleben. Es war in den ersten Novembertagen. Die Bewässerungsgräben waren ausgetrocknet, das Hämmern der Dreschflegel war verstummt. Ein heftiger Südwind wirbelte die Gebetsfahnen durcheinander. Von einem Tag auf den anderen hatten sich die Silhouetten der Menschen durch schwere Mantelkleider vergrößert. Die eiskalten Wildbäche flossen wie Silberbänder dahin.

Am Vorabend hatte Tinlé, der Dorfälteste, seine Hunde auf ein Wolfspärchen losgelassen, das von den Ziegen angelockt worden war. Der Himmel hatte sich zugezogen und schien ab und an, wenn ein Adler seine Kreise zog, noch mehr verdunkelt zu sein. Auf den Bergrücken lag blendend weiß der erste Schnee.

Zwei Tage vor dem großen Aufbruch hatten die Lamas den Göttern Opfergaben dargebracht und Amulette verteilt, welche die Karawane vor Lawinen und bösen Geistern schützen sollten. Die zweite Etappe der Salzexpedition, die uns auf dem Wege von den Hochplateaus in die Täler über die höchsten Pässe der Welt führen würde, konnte beginnen. Mit ausholenden Bewegungen ihrer Schleudern trieben die Jüngsten schon die Yaks zusammen, während andere sich an Packtaschen, Salzsäcken, an Stricken und an Stapeln von Decken zu schaffen machten.

Fünf Monate Abwesenheit. In den verödeten Dörfern bleiben nur die Reichsten, die Ältesten und die Schwächs-

ten. Die Glut der Feuerstellen lässt man verglimmen, denn erstickt jemand ein Feuer, wird dies bei den Dolpo-pa als böses Omen gedeutet. Ist ausreichend Futter vorhanden, dient die Yak-Kuh, die *dris*, der Versorgung mit Milch. Letzter Abschiedsgruß: Eine Alte legt einen Klumpen Butter als Glücksbringer für den Weg auf das Haupt ihres Sohns, der die Karawane begleitet.

Am Morgen hat die Reise begonnen. Ohne Überschwang, aber guter Dinge. An jeder Weggabelung wird die Karawane größer. Leute aus Saldang, aus Komas, Korang, Tiling und auch aus Phijer schließen sich an. Bald ziehen mehr als 800 Yaks mit uns, deren Felle tiefschwarz, golden oder, seltener, weiß oder grau glitzern und glänzen. Die Männer marschieren, die Schleuder griffbereit, hinterher. Eine alte Frau hockt auf einem Yak, Kleinkinder sitzen auf Ponys. Die Frauen haben sich zum Schutz vor der Sonnenstrahlung die Gesichter mit einem Wurzelsud eingerieben, die Ziegen sind mit Lasten bepackt, Hunde mit dichten Zotteln laufen herum, und die Kinder sind mit Ernst bei der Sache.

So beginnt eine unglaubliche, drei, vier Wochen lange Wanderung, mehr als 160 Kilometer über das Dach der Welt, über Höhen zwischen 4000 und 5500 Metern. In solch ungeheuren Landschaften wird der Mensch plötzlich ganz klein, bewegt sich im Reich der Götter.

Während sie laufen, drehen die Yak-pa ihre Spindeln wie Kreisel und wickeln so die Wolle ihrer Yaks und Schafe auf. Es geht über rutschige gefrorene Flüsse. Sauerstoff ist Mangelware, und so liegt über allem eine Stille, die nur vom Glockengebimmel oder vom Aufklatschen der Schleudern gebrochen wird. Dann und wann ist ein Ruf zu hören, ein gellender Pfiff oder das kräftige Schnauben der Tiere. Die Tage perlen dahin wie die 108 Kugeln des Rosenkranzes, den jeder Yak-pa mit sich führt. Auf die sengende Nachmittagssonne folgen eisige Nächte, die Raureif auf dem Fell der zusammengerollt kauernden Hirtenhunde zurücklassen. Zu früher Stunde wagt sich niemand aus seiner Schlafstätte, bevor nicht die ersten schüchternen Strahlen des Tageslichts aufscheinen.

Dann gibt es Teezeremonien, einen Funken, der jäh einem Flintstein und einem Eisensporn entspringt und den getrockneten Dung entzündet; ein Feuer, das Eis zum Schmelzen bringt und neues Leben in noch schlaftrunkenen Augen weckt. Es gibt Abende voller Zauber, Vollmondnächte, in denen der Himmel ganz kristallen und das Gefühl von Einsamkeit überwältigend wird.

Wir sitzen bei schneidender Kälte nahe der Feuerstelle. Durch beißenden Rauch bewege ich mich mit einer Kartoffel in der Hand um die Flammen und erkläre, wie der Tag auf die Nacht folgt und der Sommer auf den Winter, während sie mir erläutern, dass das Zentrum der Welt ohne Zweifel auf dem Berg Kang Ripoche, im nahen Tibet liegt, und mir die Legende von Mahaba erzählen, dem wütenden Stern Orion, der in jeder Nacht die Pleiaden verfolgt, um ihnen sein geraubtes Weib zu entreißen.

Alle drei Tage rastet die Karawane einen ganzen Tag lang, damit sich die Tiere erholen können. Es wird gesungen und Laute gespielt. Tinlé bereitet die *toukpa* zu, eine Fleischbrühe mit Gerstenmehl und getrocknetem Käse, der ein paar Rüben hinzugefügt werden. Lundrup repariert ein Seilwerk. Gyalzen, der Jüngste, formt Fladen. Jedes Mal, bevor der Tee serviert wird, stimmen die Männer einen langen Singsang an und sprengen dabei einige Tropfen zum Himmel hinauf: Es ist der Anteil der Götter. Die Frauen reiben sich Butter in die Haare und verflechten sie mit Yak-Strähnen zu Zopfgebinden. Morgens setzt sich die Karawane nie vor zehn Uhr in Bewegung. Es braucht Zeit, bis die Tiere zusammengetrieben und die Taschen gepackt sind.

Ende November überqueren wir den dritten und letzten Pass, den Kagmara, »auf dem die Krähen verenden«. »Sooo, soo, La guialo!«, die Götter gewinnen den Kampf. Frohgestimmt fügen Männer, Frauen und Kinder den *laptse*, Steinpyramiden, die mit ihren aufgesteckten *loungta*, den Gebetsfahnen, die Pässe markieren, noch einen Kiesel hinzu. Das Ende der Reise ist nah. Nun ist es nicht mehr allzu weit bis in das Land des Getreides. Bald sind wir bei den Rong-pa, die ursprünglich aus Indien stammen, feinere Gesichtszüge und eine dunklere Haut als die Dolpo-pa haben. Und auch hier, in den entlegensten Winkeln zwischen Indien und Tibet, werden wieder verschiedene Lebenserfahrungen, Salz und Getreide gleichermaßen ausgetauscht, treffen zwei Zivilisationen aufeinander.

Das Weiß und das Ocker der Berge sind dem Grün der Wälder gewichen. Nach einem mehrmonatigen Aufenthalt im mineralischen Universum des Nord-Dolpo, habe ich die Fruchtbarkeit von Rong vergessen. Die Düfte, die von diesem reichen Boden aufsteigen und den Kiefernnadeln entströmen, betören mich. Das Gezwitscher der Vögel, das geschäftige Summen der Insekten und das Rauschen des Winds in den Zweigen steigen mir geradezu in den Kopf. Welch ein Vergnügen, den Saft frischer Kräuterhalme auszusaugen, lockeren Boden, einen Laubteppich und Moose zwischen den Fingern zu fühlen.

Dort oben beschränken sich die Düfte auf den beißenden Geruch brennenden Yak-Dungs und die schweren Dünste von Wollfett, Schweiß und ranziger Butter. Dort oben hallen meine Schritte auf kahlem Boden wider, stoßen meine Schuhe gegen Felsgestein. Dort oben weht ein schneidender, eisiger Wind, und trotz alledem weiß ich schon jetzt, dass ich zurückkehren werde.

Immer wieder werde ich zurückkehren.

Der Himalaya. Oft habe ich ihn überquert, getrieben von ich weiß nicht welchem Entdeckertraum, von Abenteuerlust, Freiheitsdrang. Mit diesem Himalaya bin ich, nach langen Wanderungen und vielen Begegnungen, eins geworden, hier habe ich vielleicht mich selbst gefunden. Ob die Gurung, Tharu, Rajis, Dolpo-pa oder eines der vielen anderen Völker: Fasziniert von ihren Traditionen und ihrer Kultur habe ich, gemeinsam mit Lakpa, mit ihnen

gelebt, bin ihnen gefolgt, habe ihnen zugehört und sie zu meinen Lehrern erkoren. Ich war bestrebt, eine Rolle anzunehmen, in die ich auf Schulbänken nie hineinfand: Ein guter, aufmerksamer Schüler, respektvoll, geduldig und bescheiden, nur von dem einzigen, drängenden Wunsch beseelt, zu verstehen … Und sie brachten mir bei, dass dieses Universum, diese gigantische Barriere, die ich lange als riesenhafte, feindselige und unüberwindliche Mauer empfunden hatte, sich im Gegenteil als Brücke erwies und seit alters her ein Bindeglied zwischen zwei Zivilisationen, zwei Religionen, zwei Welten war.

Die Menschen, die hier, zwischen Indien und Tibet, leben, scheren sich nicht um geographische Hindernisse. Sie trotzen der Kälte, dem Tod und überqueren Barrieren, ungeachtet kultureller, sprachlicher und religiöser, gelegentlich auch politischer Unterschiede, noch immer ganz so, wie sie es immer taten, um sich beizustehen, Handel zu treiben und um zu überleben. In den übermächtigen Dimensionen der Landschaft des Himalaya, in seinem harten Klima siedeln Völker, deren Lebensweise sich Tag für Tag, Stunde um Stunde neu ergeben muss, deren Geschichte sich, geprägt von Respekt, Offenheit und Toleranz, wie ein stummes Epos, beharrlich und in aller Stille fortschreibt.

Und ich, der junge Reisende, der zunächst nur von den vielfältigen Unterschieden der Lebensformen angezogen worden war, ich habe dort das ungewöhnliche Maß unserer Gemeinsamkeiten erkannt. Sind es nicht immer wieder und überall die gleichen Dinge, die uns lachen und weinen lassen?

Guru Rimpoché gewidmet,
den Göttern und den Menschen …

Éric Valli und Sophie Troubac

[1] Special Frontier Forces, indische Armeeeinheit, die nach der chinesischen Invasion von 1962 formiert wurde.

VORWORT

Was hast du anzubieten? Was willst du kaufen?«, fragten mich anfangs im Dolpo die Leute, die später meine Freunde wurden. »Du kommst von so weit her, nimmst so viele Mühen auf dich, das machst du doch wohl nicht nur, um dich umzusehen …?«
Und da die Menschen im Himalaya mit beiden Beinen im Leben stehen müssen, verstanden sie nicht, dass ich tatsächlich nur gekommen war, um mit ihnen in dieser gewaltigen Landschaft zu leben. Eines Tages fand ich schließlich eine Antwort, die sie zufrieden stellte:

»Ich bin Pilger.«

Dieses Buch legt Zeugnis ab von meiner großen Pilgerfahrt, die vor fast 30 Jahren begann. Im Gegensatz zu den meisten meiner anderen Publikationen erzählt es keine Geschichte. Es berichtet nur von Begegnungen, Entdeckungen, emotionalen Erschütterungen und optischen Irritationen. Für den Betrachter gleicht es einem impressionistischen Gemälde: Aus der Nähe betrachtet ist jedes Foto ein einzelner kleiner Farbtupfer, doch in der Entfernung fügen sich alle Aufnahmen zu einem Gesamtbild zusammen. Es ist das Bild des Himalaya, den ich in jungen Jahren eigentlich nur ein paar Wochen lang erkunden wollte, und der mich nun schon so lange in seinem Bann hält.

Dieses Buch ist all meinen Begleitern gewidmet, all jenen, mit denen ich gemeinsam auf den endlosen Pfaden unterwegs war. Pfade, auf denen ich mich oft zu verlieren glaubte, in Wahrheit aber fand. Doch vor allem ist es Lakpa Gyalzen Sherpa zugeeignet.

Wie viele dieser Fotos verdanke ich dir, Lakpa? Wie oft hast du mir Augen und Herz geöffnet? Du hast so intensiv und leidenschaftlich gelebt, warst so großzügig und liebevoll. Das hat dir natürlich alle Türen geöffnet. Doch nur wenige von uns sind überhaupt fähig, sich so zu geben. Du hast laut gelacht, kräftig getrunken, das Leben voll ausgekostet.

Ein Stück entfernt vom Scheiterhaufen, den dein Sohn unter dem Klang der Hörner, der Zimbeln und des feierlichen Gesangs der Lamas entzündet hat, stehen deine Freunde und diskutieren, trinken und lachen, während sie deiner gedenken. Das Leben geht weiter. Seltsamerweise werde ich, der ich die halbe Welt umrundet habe, um dich auf den Scheiterhaufen zu tragen, nicht richtig traurig. Am liebsten würde ich dich beschimpfen. Verdammt, da sind doch noch so viele Wege, die wir zusammen hätten gehen können …

Es hat aufgehört zu regnen. Die Flammen züngeln empor. Mich fröstelt. Instinktiv strecke ich die Hände zum Feuer hin aus. Wie viele Male haben wir beide in der Kälte der Berge diese Bewegung gemacht? Oft habe ich dich hinter der Biegung eines Pfades gesucht. Nun gehst du mir schon wieder voraus. Diesmal aber folgst du dem geheimnisvollsten aller Pfade. Und ohne Zweifel wirst du willkommen sein.

Kali pé ha, mein Freund
Geh vorsichtig

Éric Valli

INHALT

Éric Valli

HIMALAYA

Texte von
Éric Valli und Anne de Sales

Aus dem Französischen
von Egbert Baqué und Clemens Wilhelm

KNESEBECK

Titel der Originalausgabe: *Himalaya*
Erschienen bei Éditions de La Martinière, Paris, 2001

Die Deutsche Bibliothek – CIP-Einheitsaufnahme
Ein Titeldatensatz für diese Publikation ist bei Der Deutschen Bibliothek erhältlich

Deutsche Erstausgabe

Ein Unternehmen der La Martinière Groupe

Zeichnungen: Tensing Norbu
Gestaltung: Benoît Nacci
Koredaktion: GEO
Satz: satz & repro Grieb, München
Printed in France

ISBN 3-89660-108-3

www.knesebeck-verlag.de

HIMALAYA

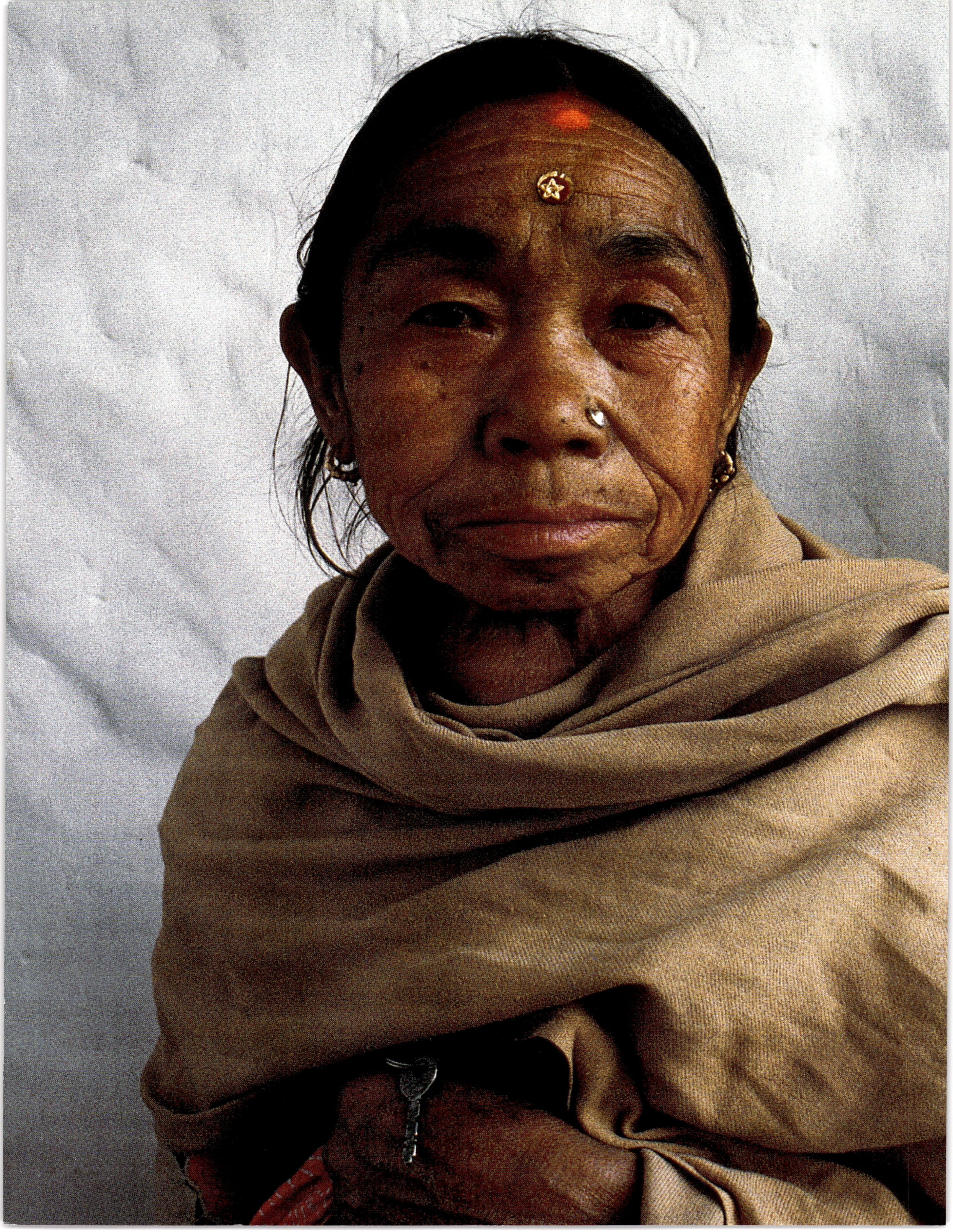

NEPAL UND DAS ABENDLAND

Im Jahre 1654 ließ Pratap Malla, der König von Kathmandu, einige Worte in die Fassade seines Palastes einmeißeln. Jede der 15 Schriften, die ihm bekannt waren, sollte auf der Mauer dargestellt werden. Die verschiedenen Zeichen folgen unmittelbar aufeinander, ohne Rücksicht auf den Wortzusammenhang. Der Blick des europäischen Lesers irrt deshalb eine ganze Weile über diese unbekannten Buchstaben, die ihm wie eine optische Kakophonie erscheinen, bis er plötzlich sein vertrautes Alphabet entdeckt und liest: »autom ne winterlhivert«. Die willkürliche Silbentrennung, die das Wort »automne« (frz. »Herbst«) aufteilt, und die Zusammenschreibung des englischen »winter« mit dem französischen »l'hiver« erhöhen nur den eigenwilligen poetischen Reiz dieses ersten schriftlichen Zeugnisses, das den Kontakt zwischen jenem indischen Königreich und Europa belegt. Pratap Malla gab sich wohl nicht ohne Grund den Titel *kavindra*, »Fürst der Poeten«.

Vermutlich hatte um diese Zeit aber noch kein Europäer seinen Fuß in das Tal gesetzt. Man nimmt deshalb an, dass armenische Händler, die zwischen dem Orient und dem nördlichen Asien tätig waren, die Quelle für diese Wörter waren. Erst einige Zeit später, im Jahr 1662, durchquerten zwei Jesuitenpatres, die von Peking nach Rom zurückkehrten, Nepal. Ihnen folgte der Franzose Jean Baptiste Tavernier, der zwischen Tibet und Indien Handel trieb. Der Buddhismus der Bergvölker, die man überall auf dem Weg traf, erschien diesen ersten europäischen Besuchern als eine dämonische Religion. Der Dalai Lama hatte für sie Züge des Antichristen. Ähnlichkeiten zwischen der buddhistischen und der katholischen Liturgie interpretierten sie daher als Blendwerk des Teufels.

Anfang des 18. Jahrhunderts beauftragte der Heilige Stuhl die Kapuziner, die Rivalen der Jesuiten, mit der Verkündigung des Glaubens im Himalaya. Sie taten sich damit hervor, dass sie Tausende nepalesischer Handschriften verbrannten. Nach der Eroberung des Tals im Jahr 1769 wurden sie von Prithvi Narayan aus dem Land gejagt.

UNABHÄNGIGKEIT UND NEUGIERDE

In den zwei folgenden Jahrhunderten verteidigte Nepal wachsam seine Unabhängigkeit. Abgesehen von gelegentlichen amtlichen Besuchern, die streng eskortiert wurden, durfte niemand das Land betreten. Der Krieg, den die Briten von 1814–1816 wegen der Grenzen des Tarai im Süden des Landes gegen die Nepalis führten, machte die große militärische Überlegenheit der Kolonialherren deutlich. An seinem Ende stand 1816 der Vertrag von Segauli, der für das hinduistische Königreich große Gebietsverluste zur Folge hatte. Die nepalesischen Führer waren daraufhin besonders aufmerksam darum bemüht, ihren guten Willen gegenüber den Briten zu zeigen, um weitere Einmischungen zu vermeiden. Dies war insbesondere die Politik des Premierministers Jang Bahadur Rana.

Jang Bahadur und seine Frau

Die tibetische Götterwelt war in den Augen der Missionare von »diabolischen« Gottheiten und dem Dalai Lama beherrscht.

Jang Bahadur ließ 1846 als Anführer einer Palastverschwörung in einer einzigen Nacht zahlreiche hochrangige Mitglieder der Regierung beseitigen, um ungestört herrschen zu können. Das Amt des Ministerpräsidenten wurde erblich, und die Dynastie der Rana löste diejenige der Gurkha ab, auch wenn der König formal auf dem Thron blieb. Jang wachte strenger als seine Vorgänger darüber, dass alle nepalesischen Völker jeglicher Konfession die hinduistische Religion achteten, den *dharma*. Obwohl er sein Land gegenüber der übrigen Welt abschottete, war er selbst ebenso neugierig wie wagemutig und brach 1850 zu einer Reise nach Europa auf.

JANG BAHADUR RANA IN EUROPA

Er war der erste indische Fürst, der das Meer überquerte und damit jenes brahmanische Gesetz überschritt, dessen Einhaltung er so streng überwachte. Der Reisebericht, den ein Begleiter, möglicherweise sein Sekretär, verfasste, zeichnet ein interessantes Bild von Europa. Er ist gewissermaßen das Gegenstück zu den Nepal-Berichten der britischen Beamten in Kathmandu. Aus nepalesischer Sicht erschienen London und Paris wie Schlaraffenländer, in denen Überfluss, Sauberkeit und Ordnung herrschten. Die kostbar geschmückten Frauen mit ihrer weißen Haut waren für die Nepalis wie Apsaras, die Nymphen der Himmelswelt.

Jang wurde mehrere Male von Königin Viktoria mit allen Ehren empfangen, die seinem Rang gebührten. In den Augen des Asiaten, der streng kodifizierte Rituale gewohnt war, bei denen sich jeder seinem Status gemäß verhielt, verliefen die Empfänge mit einer erstaunlichen Ungezwungenheit. So bot ihm die Königin ganz selbstverständlich ein Stück Obst an, das er jedoch angesichts ihres höheren Ranges nicht in ihrer Gegenwart zu verzehren wagte. In Paris erhob sich Charles Louis Napoléon Bonaparte von seinem Stuhl und drückte ihm ohne Umstände die Hand. Dafür schien im Gegensatz zu Nepal, wo die soziale und die kosmische Ordnung im alltäglichen Leben von komplexen Riten geregelt wurde, in Europa alles unter dem Diktat der Uhr zu stehen:

»Ankleiden, Essen, Besprechungen, Schlafen, Aufstehen, das Haus verlassen – alles wird von der Uhr beherrscht. Jeder hat eine Uhr. In den Häusern hängen Uhren an den Wänden, manchmal sind sie auch draußen an den Mauern von Kirchen angebracht. Wohin man sieht, sind Uhren.« (J. Welpton, *Jang Bahadur in Europe,* S. 170).

Mehr als einmal sah sich die nepalesische Abordnung durch die westliche Manie der Pünktlichkeit zu peinlicher Eile gedrängt. Auf der anderen Seite füllte die rigorose Haltung Jangs, was die Speisevorschriften seiner Religion betraf, die Titelseiten der Zeitungen:

» … weder in Paris noch in der Umgebung waren die Tiere zu finden, die man nach den Vorschriften der hinduistischen Religion opfern musste. Der Botschafter (Jang) bat um einen fetten ein- bis dreijährigen Hirsch, der aber nicht zu bekommen war. Sie haben recht eigenartige Lebensgewohnheiten. In ihrem Hotel muss jeder ein eigenes Zimmer haben, denn sie müssen alleine essen …« (*La Presse*, 25. August 1850).

Neben den Anekdoten, die bei einer Berührung zweier unterschiedlicher Kulturen immer in Fülle entstehen, brachte Jang von seiner Reise Eindrücke von französischen und britischen Institutionen mit, die eine gewisse Milderung seiner Amtsführung bewirkten. Nach und nach entwickelte sich auch eine von europäischen Reminiszenzen inspirierte Ästhetik, die allerdings auf die Rana und das Tal von Kathmandu beschränkt blieb. In den Palästen, die die Fürsten errichten ließen, waren die Gesimse mit Stuckarbeiten nach venezianischer Art geschmückt. Die Frauen verliehen ihrer Weltläufigkeit auf unübersehbare Art Ausdruck, indem sie das Haar kurz trugen und auf den Marmorkorridoren mit eleganter Attitüde rauchten.

Auf dem Land waren es die Gurkha, die den staunenden daheim Gebliebenen von den fernen Ländern erzählten, in die sie aufgebrochen waren, um unter fremden Fahnen zu kämpfen.

WER WAREN DIE GURKHA?

»Die Gurkha sind mutig bis zur Tollkühnheit … treu gegenüber ihren Offizieren … großartige kleine Kämpfer [mit ihrer] furchtbaren Nationalwaffe, dem Kukhri … Die Nepalis sind stolz und freiheitsliebend. Über die Jahrhunderte verstanden sie es, ihre politische Unabhängigkeit zu behaupten … Obwohl sie wilde Kämpfer sind … können sich die Gurkha auch großzügig und höflich zeigen …« (*Empire Annual for Boys*, 1917, zitiert in Caplan 1995, S. 7).

So entstand in der militärischen Literatur der Kolonialzeit das Bild der nepalesischen Soldaten, die unter britischem Befehl in der indischen Armee Dienst taten. Sie rekrutierten sich hauptsächlich aus den ethnischen Gruppen des Mittellandes, den Magar und Gurung im Zentrum und den Rai und Limbu im Osten. Ihr Name leitet sich von den Gurkha ab, jener indischen Dynastie, die die lokalen Stämme unterwarf und das Königreich Nepal gründete.

Den Briten waren die Tapferkeit und Ausdauer jener Bergbewohner während des englisch-nepalesischen Krieges von 1814–1816 aufgefallen. Seither bemühten sie sich darum, ihre Truppen mit diesen Soldaten zu verstärken. Die wirtschaftlichen Vorteile eines solchen Engagements für die Bergbewohner stimmten schließlich auch die Führer des Landes um, die sich lange Zeit mit allen Mitteln dagegen gewehrt hatten, die Söhne ihres Landes in fremde Dienste ziehen zu lassen.

Während der beiden Weltkriege wurden verstärkt nepalesische Truppen rekrutiert. Der Heldenmut und die Opferbereitschaft der Gurkha-Soldaten wurden oft gerühmt, auch wenn eine solche Ethik in unseren Tagen nicht mehr zeitgemäß ist. Es ist nicht einmal gewiss, ob sie noch derjenigen des Veteranen entspricht, der heute mit der Medaille, die ihm vergangene Ruhmestaten eingebracht haben, stolz vor dem Fotografen posiert. Wenn er seinen Orden präsentiert, das einzige Zeugnis eines Erfolges, dessen bescheidenes Instrument er in den Händen Gottes oder auch einfach nur des Zufalls war, ist er immer noch dem Jäger näher, der er in seiner Kindheit war – und der er bei der Rückkehr in sein Dorf wieder werden konnte.

Neben ihren Auszeichnungen brachten die Gurkha von ihren Unternehmungen andere Sitten und Interessen mit und wurden so zum Motor eines weit reichenden Wandels. In ihren Veranden, von denen aus sie über die endlos sich dehnenden Hügel ihrer Heimat blicken können, hängen Fotografien von den Hauptstädten der Welt, die sie besucht haben. Sie schufen im Herzen des Himalaya eine

Jang Bahadur betrachtet seine Taschenuhr, die er von seiner Reise nach Europa mitgebracht hat.

über die Barriere der Berge hinausreichende Verbindung zwischen zwei Welten, die sich bis dahin wie Antipoden zueinander verhielten.

KATHMANDU IM JAHRE 2001

Nach der Wiedereinsetzung der Gurkha-Dynastie Anfang der fünfziger Jahre öffnete sich Nepal immer mehr für die übrige Welt. Kathmandu wurde zum mythischen Anziehungspunkt für westliche Jugendliche, ein obligatorisches, fast initiatorisches Ziel. Ihre Väter waren einst nach Asien ausgezogen, um die einheimische Bevölkerung zum Christentum zu bekehren, sich durch die Erschließung neuer Handelswege zu bereichern und schließlich in der Ferne genauso zu regieren wie zu Hause. Die Generationen unserer Zeit brachen auf der Suche nach einer Alternative zu ihrer eigenen Kultur nach Kathmandu auf. Ein Beobachter der siebziger Jahre schrieb dazu etwas überspitzt: »Die Europäer fragen einander nicht mehr: Sind Sie Katholik oder Protestant? Monarchist oder Republikaner? Sondern vielmehr: Sind Sie für das Wirtschaftswachstum oder für Kathmandu?« (E. Gellner, »The Kathmandu option«, *Spectacles and Predicaments,* S. 350).

Das Bild dieser Stadt gerann zu einem Heilmittel für die darniederliegende westliche Zivilisation. Während Wissenschaft und Technik in einem kleinen Teil der Welt unaufhaltsam fortschritten, verlor der Einzelne vor dem Irrationalen, dem Subjektiven den Boden unter den Füßen und stellte den sakrosankten Dualismus zwischen Körper und Geist in Frage. Nach 1959 verließen die buddhistischen Meister wegen der chinesischen Unterdrückung ihre tibetische Heimat. Die Lamas gingen im westlichen Exil bei ihren neuen Jüngern aus dem Westen weiter ihrer Aufgabe als spirituelle Lehrer nach. Einige ihrer neuen Jünger begannen, die religiösen Texte zu übersetzen und brachten sie so den westlichen Lesern nahe, die vor 30 Jahren noch kaum etwas von jener buddhistischen Religion wussten. Weit liegt die Zeit zurück, als der Dalai Lama noch als der Antichrist verteufelt wurde …

Anderseits sind heute dort, wo im 18. Jahrhundert die Kapuziner scheiterten, vor allem die protestantischen Missionare erfolgreich. In den letzten zehn Jahren sind in Kathmandu Kirchen wie Pilze aus dem Boden geschossen, und unter den Stammesgruppen in den Bergen haben sich ganze Dörfer zum Christentum bekehrt. Das pragmatische Bestreben, das Dasein hier auf Erden zu verbessern, spielt bei dieser Hinwendung zu einer neuen Religion eine nicht zu vernachlässigende Rolle. Wie sollte die christliche Religion, die die Menschen aus dem Westen praktizieren, dem nepalesischen Bergbewohner nicht als der kürzeste Weg zu deren Wohlstand erscheinen?

Während uns also die Vorstellung eines unaufhörlichen Wirtschaftswachstums mit immer größerer Skepsis erfüllt, schlagen die Bewohner dieses kleinen Königreichs hoffnungsfroh jenen Weg ein, vor dessen verheerenden Folgen für die Umwelt und die soziale Gerechtigkeit unsere Zeitungen in vielspaltigen Artikeln warnen. Wir blicken in der unbeirrbaren Hoffnung zum Himalaya, dort neue Kräfte schöpfen und neue Freiheit finden zu können, während die jungen Nepalesen versuchen, aus dem engen Kreis ihrer Berge auszubrechen. Seit fünf Jahren entstehen in Kathmandu zahllose Internet-Cafés. Für eine Rupie (knapp 2 Euro-Cent) pro Minute kann die *E-Generation* an jeder Straßenecke im Internet surfen. Während sich die jungen Leute im Touristenviertel Thamel begierig in die Erkundung des Cyberspace stürzen, erinnern das Dröhnen der Trommeln und das Lärmen der Hörner auf dem Hügel Swayambhunath über der Stadt an einen anderen Raum, jenen psychischen Raum, den die spirituellen Meister des Himalaya seit Jahrtausenden unablässig erkunden.

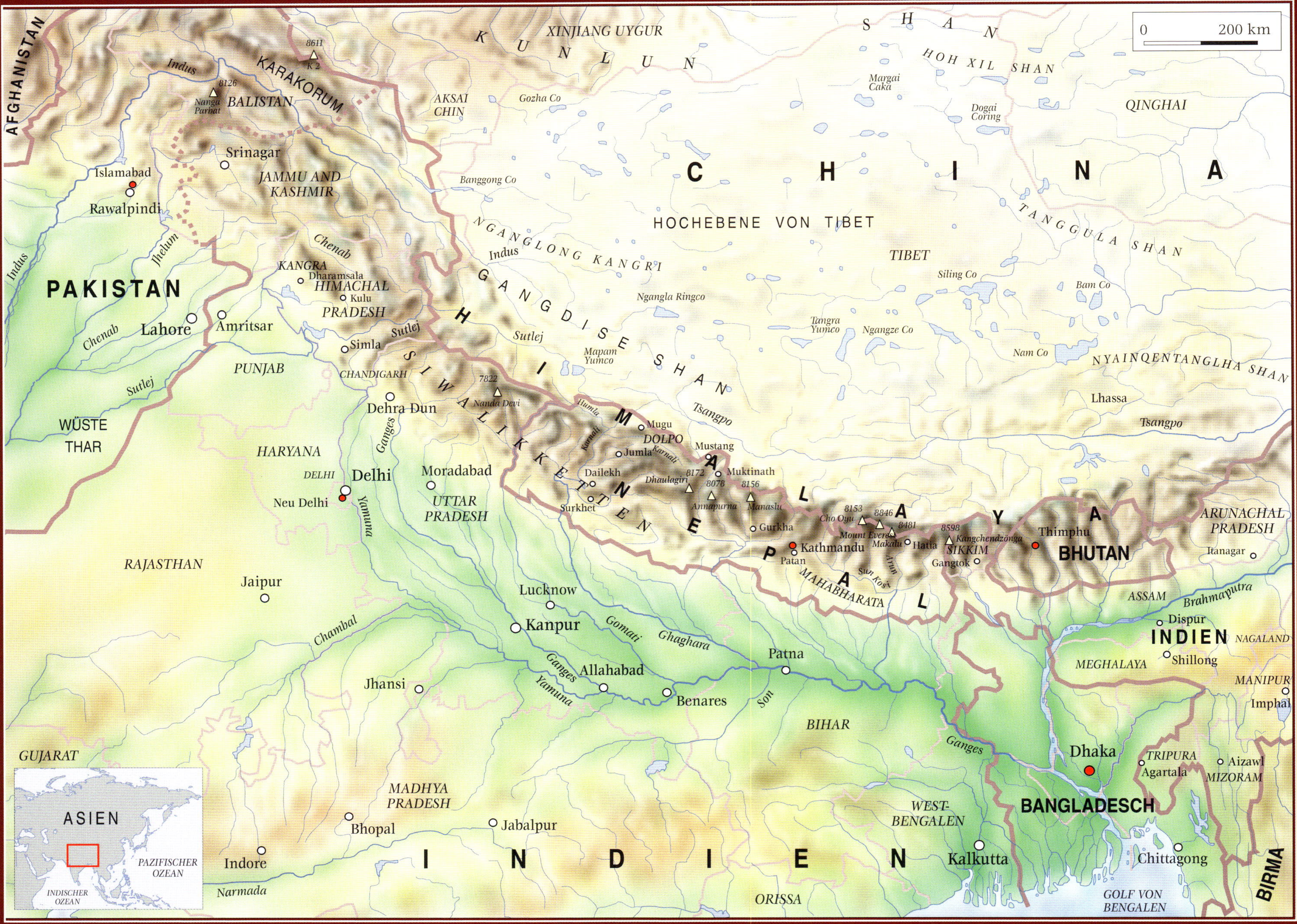

AFGHANISTAN
8611
K 2
Indus
KARAKORUM
8126
Nanga Parbat
BALISTAN
XINJIANG UYGUR
K U N L U N
AKSAI CHIN
Gozha Co
S H A N
HOH XIL SHAN
Margai Caka
Dogai Coring
QINGHAI
0 200 km
Srinagar
JAMMU AND KASHMIR
Islamabad
Rawalpindi
Banggong Co
C H I N A
HOCHEBENE VON TIBET
TANGGULA SHAN
NGANGLONG KANGRI
Indus
TIBET
Siling Co
Bam Co
Jhelum
Chenab
KANGRA
Dharamsala
HIMACHAL PRADESH
Kulu
PAKISTAN
GANGDISE SHAN
Ngangla Ringco
Tangra Yumco
Ngangze Co
Nam Co
NYAINQENTANGLHA SHAN
Lahore
Amritsar
Chenab
Sutlej
Simla
Sutlej
Mapam Yumco
CHANDIGARH
PUNJAB
Sutlej
7822
Nanda Devi
Dehra Dun
Lhassa
Tsangpo
Tsangpo
WÜSTE THAR
SIWALIKKETTEN
HIMALAYA
Humla
Mugu
DOLPO
Karnali
Jumla
Mustang
HARYANA
Ganges
DELHI
Delhi
Neu Delhi
Moradabad
UTTAR PRADESH
Dailekh
Muktinath
Dhaulagiri
8172
8078
8156
Annapurna
Manaslu
Surkhet
Yamuna
Gurkha
8153
Cho Oyu
8846
8481
Mount Everest
Makalu
8598
Kangchendzonga
Thimphu
BHUTAN
ARUNACHAL PRADESH
Kathmandu
Patan
Hatia
SIKKIM
Gangtok
Itanagar
NEPAL
MAHABHARATA
Sun Kosi
Arun
RAJASTHAN
Jaipur
Lucknow
ASSAM
Brahmaputra
Dispur
INDIEN
NAGALAND
Chambal
Kanpur
Gomati
Ghaghara
Patna
MEGHALAYA
Shillong
MANIPUR
Imphal
Ganges
Yamuna
Allahabad
Jhansi
Benares
Son
BIHAR
Ganges
Dhaka
TRIPURA
Agartala
Aizawl
MIZORAM
GUJARAT
ASIEN
PAZIFISCHER OZEAN
INDISCHER OZEAN
MADHYA PRADESH
WEST-BENGALEN
BANGLADESCH
Bhopal
Jabalpur
Indore
I N D I E N
Kalkutta
Chittagong
BIRMA
Narmada
ORISSA
GOLF VON BENGALEN

BILDLEGENDEN

S. 17: Westnepal, 1991. Nanda Lal, der Führer einer der Karawanen, die diese Gegend bereisen und Salz gegen Getreide und rote Bohnen tauschen. Er stammt aus dem Chaudabise-Tal und gehört der Kaste der Chetri an. In der Wassermühle mahlt er das Korn, das er auf dem Rücken seiner Tiere in den *lugal*, sehr festen Zwillingssäcken aus Wolle und Leder, transportiert.

S. 18–19: Nordwest-Nepal, Juli 1977. Dorf der Bothia. Die Hochtäler des Himalaya sind das bevorzugte Siedlungsgebiet der Bhotia, eines aus Tibet stammenden Volkes. Hier, auf einer Durchschnittshöhe von 2500 Metern, herrschen ganz andere klimatische Bedingungen als in seiner früheren Heimat. Die Häuser sind aus Stein und mit Bambusgeflecht gedeckt.

S. 20–21: Nordost-Nepal. Lama Tinle Wangchouk bei einem Exorzismus. Sein Brokatgewand stammt aus Tibet. Der von ihm praktizierte Buddhismus ist animistisch gefärbt. Die Bauern der Gegend nehmen ohne weiteres einen zweitägigen Fußmarsch auf sich, um den Rat dieses großen Lamas einzuholen.

S. 22–23: Nordöstliches Nepal, 1979. Eine Frau gräbt die Erde um und verbrennt alte Hölzer und Gräser.

S. 24–25: Nördliches Dolpo, Mekim Gompa, 1991. Éric Vallis erste Begegnung mit Norbu, der ihn zur Rolle des Karma Tensing in seinem Film Himalaya inspirierte. Norbus Vater, auf dessen Knien einer seiner Enkel eingeschlafen ist, liest die Biografie Milarepas, des berühmten tibetischen Asketen, zu der er Illustrationen schafft. Die Familie aus der tibetischen Provinz Kham bringt seit vier Generationen Lamas hervor, die zugleich Künstler sind. Für manche Zeremonien werden Bilder von Gottheiten benötigt, die man bei Norbu bestellen kann. Im Vordergrund der gesalzene Buttertee, der auf einem Kohlegefäß warm gehalten wird. Für die Ausführung dieses *thangkas* lässt sich Norbu von einem Skizzenheft aus dem 15. Jahrhundert inspirieren.

S. 26: Dolpo, Tarap-Tal, ca. 4000 Meter Höhe, 1990. Am Herd, im Licht eines Sonnenstrahls, der durch den Rauchabzug fällt, spinnt Cheuki die Wolle ihrer Schafe. Sie ist mit zwei Brüdern verheiratet. Weil sie aber keine Kinder bekommen kann, hat ihr der dritte der Brüder, der in einem Nachbardorf wohnt, eine seiner Töchter angeboten. Im unwirtlichsten Gebiet der Welt erlaubt es die Vielmännerei (tibetisch »sa soum«, »zu dritt essen«) einer Familie, den Überlebenskampf auf mehrere Schultern zu verteilen: Einer der Ehemänner geht nach Tibet, um dort Salz zu holen; der andere kümmert sich auf den Almen um die jungen Yaks, während die Frau im Dorf die Feldarbeit erledigt.

S. 27: Nördliches Dolpo, Shimen, 1992. Der Lama Reuzen Tsultrim mit seinen Gerätschaften. Im großen runden Behälter befindet sich der *damaru*, die zweiseitige Trommel, im konischen Behälter ist die Glocke. Um den Hals trägt Tsultrim eine Gebetsschnur mit 108 Perlen. Da diese armen Völker nicht für den Lebensunterhalt ihrer Priester aufkommen können, ist jeder Lama Nyingmapa religiöses Oberhaupt, Familienvater, Bauer und Händler zugleich.

S. 28–29: Nördliches Dolpo, 1984. Der Ort Charka, eine Art Festung am Zusammenfluss zweier Bergbäche. Er liegt in 4200 Meter Höhe auf einer alten Schwemmlandterrasse im Barbung-Tal. In dieser Höhe gedeiht nur noch Gerste. Für die gesamten Phasen der Ackerbewirtschaftung bleiben nur fünf Monate Zeit. Am Flussufer halten Steinmauern die Sedimente des letzten Hochwassers zurück und lassen Weidegräser wachsen; sogar Feldbau ist möglich.

S. 30–31: Westnepal, 1991. Am Fuße des Balu Lekh (»Bärenberg«) hat Nanda Lal seinen Webstuhl aufgebaut. Die Wolldecken, die er hierauf anfertigt, tauscht er gegen andere Waren.

S. 32–33: Westliches Dolpo, 4500 Meter Höhe, Sommer 1981. Eine alte Frau und ihre Schwiegertochter mit *dris* (weiblichen Yaks) auf der Sommerweide bei Samling. Die robusteren männlichen Tiere sind in den Norden gezogen, um Salz aus den tibetischen Seen zu holen.

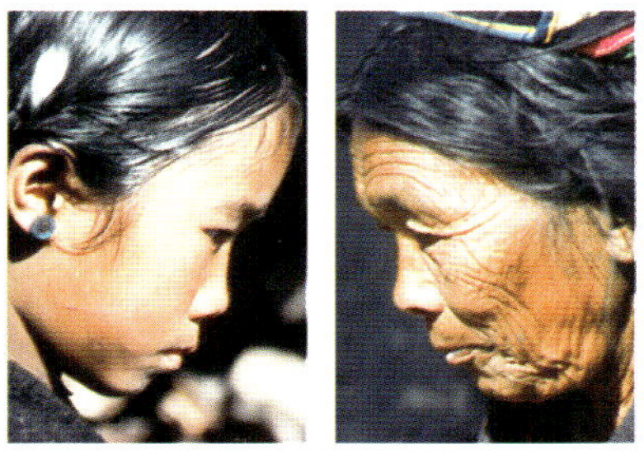

S. 34/39: Nordost-Nepal, 1979. Ein Bothia-Mädchen mit seiner Großmutter.

S. 35–38: Der Ort Talphi im Chaudabise-Tal, 2500 Meter Höhe, Geburtsort von Nanda Lal. Bis zum Ende des 19. Jahrhunderts kaum genutzt, ist dieses sehr gut für die Landwirtschaft geeignete Tal heute die Kornkammer der Region. Angebaut werden Reis, Mais, Weizen und Kartoffeln. Die Bewässerungskanäle werden von kleinen Bergbächen gespeist, deren Wasser hauptsächlich aus der Schneeschmelze stammt.

S. 40–41: Nördliches Dolpo, 4000 Meter Höhe, 1991. Labrang Tundrup, *amchi* (Arzt) des Orts Saldang.

S. 42–43: Saldang, 1991. Frühjahrsschnee nach der Gerstenaussaat im Mai. Den Menschen ist es mit harter Arbeit und Scharfsinn gelungen, noch oberhalb der Vegetationsgrenze in 4300 Meter Höhe Gerste anzubauen.

S. 44–45: Nordost-Nepal, 1977. Ein Lama schlägt bei einer Bestattungszeremonie auf der Veranda eines Hauses die Trommel. Der Verstorbene befindet sich bis zur Verbrennung noch im Lotussitz im Haus.

S. 46: Nordost-Nepal, 1980. Pindzo, seine Frau und ihre Katzen vor ihrem einsamen Haus an der tibetischen Grenze. Das Paar tauscht Bauholz, das es in Tibet nicht gibt, gegen Salz, Getreide und Fleisch.

S. 47: Südliches Dolpo, 1982. Lama Nygmapa mit seiner Frau auf der Terrasse ihres Hauses in Pugmo.

S. 48: Nordost-Nepal, Winter 1978. Pangdje, zehn Jahre alt, freut sich über das Spiel der Sonnenstrahlen in einem Stück Eis aus einer gefrorenen Wasserpfütze.

S. 49: Westnepal, Chaudabise-Tal, 1991. Eine Großmutter mit ihrem Enkel aus der Kaste der Chetri im Jumla-Gebiet. Der Anhänger am Hals des Kindes stellt den Gott Krishna dar, der in Nepal große Verehrung genießt. Als Kind entging Krishna mit knapper Not der Ermordung durch seinen Onkel. Er wurde von Kuhhirten aufgezogen. Der junge Gott wird gerne in einer bukolischen Umgebung dargestellt, wenn er mit seinem Flötenspiel die Hirtenmädchen entzückt.

S. 50–51: Thame in der Region Kumbu im Land der Sherpa, 1982. Das Dorf liegt auf einer alten Schwemmlandterrasse des Bhote Kosi in 3600 Metern Höhe auf der Route zum Nangpa-La-Pass und nach Tibet. Mit den Steinen aus dem Fluss wurden Mauern zur Abgrenzung der individuellen Felder errichtet, auf denen hauptsächlich Kartoffeln angebaut werden. Tenzing Norgay, der mit Sir Edmund Hillary 1953 als Erster auf dem Gipfel des Everest stand, stammt aus diesem Ort.

S. 52–55: Nördliches Dolpo, Saldang, November 1991. Der *gara*, Schmied und Metzger in Personalunion und in der tibetischen Gesellschaft von niedrigem Rang, hat einen Yak auf traditionelle Weise durch Ersticken getötet. Vor dem Tod des Tieres wurde ein Ritual durchgeführt, das ihm eine bessere Reinkarnation sichern soll. Das Honorar des Metzgers sind der Kopf und die Hufe des Yaks. Es ist Winteranfang, und in dem kalten und trockenen Klima lässt sich das Fleisch gut konservieren. Neben Fleisch und Milch liefert der Yak jedoch noch viele weitere Dinge, auf die die Menschen in den Hochtälern angewiesen sind: Leder für Schuhe und Bänder, Haare für Schnüre und Zelte, Dung als Brennstoff im baumlosen Land. Außerdem stellt das Tier dem Menschen seine Kraft beim Transport von Salz und Getreide über die höchsten Pässe der Erde zur Verfügung.

S. 61: Nordost-Nepal, 1980. Ein Bhotia-Mädchen, das träumend zwischen Hirsefeldern sitzt.

S. 62–63: Nordost-Nepal, 1980. Sonnenaufgang über dem Dorf Hatia. Im Vordergrund die Gebetsfahnen und die *chorten* des Friedhofs. Auf den tiefer gelegenen überfluteten Terrassen wächst Reis; die übrigen sind mit Hirse bepflanzt.

S. 64–65: Westliches Nepal, 1992. Nanda Lal tauscht Gerste gegen rote Bohnen ein.

S. 66–67: Nördliches Dolpo, 4000 Meter Höhe, Oktober 1992. Erster Schnee im Dorf Karang. Im über 4000 Meter hoch gelegenen Nangkhong-Tal fallen jährlich weniger als 400 Millimeter Niederschläge. Die Böden sind bis Ende April gefroren, aber im Sommer wachsen auf dem bewässerten Land Gerste, Buchweizen und Kartoffeln. Bergbäche, die vom Schmelzwasser des Firnschnees auf den Gipfeln gespeist werden, versorgen die Bewässerungskanäle. Was hat die Menschen wohl bewogen, sich im Hohen Himalaya, in dieser ebenso großartigen wie unwirtlichen Landschaft, niederzulassen? Überfälle, Verfolgung, Krieg, Vertreibung? Nichts davon, erklärt der Schamane Labrang Tundrup: Die ersten Bewohner dieser Hochtäler waren Einsiedler, Asketen, die auf der Suche nach Frieden und Einsamkeit aus Tibet hierher gekommen waren, um ihren Glauben besser praktizieren zu können.

S. 68–69: Nordwest-Nepal, Bhotia, 1979. Zwei Jungen bestaunen den *go serpo*, den Gelbkopf, wie sie blonde Menschen nennen.

S. 70–71: Nordost-Nepal, 2400 Meter Höhe, 1978. Dorf der Bhotia an der Schneegrenze.

S. 72–73: Nördliches Dolpo, Shimen, 3700 Meter Höhe, Sommer 1992. Das Dorf an der chinesischen Grenze ist während des kurzen Sommers eine wahre Oase. Von einigen Weiden gesäumte Bewässerungskanäle erlauben den Anbau von Gerste. Zwischen den Feldern erheben sich Steinhäuser.

S. 74–75: Dolpo, 4200 Meter Höhe, Oktober 1991. Gerstenernte im Tarap-Tal. In diesen hochgelegenen Tälern kann die einzige Ernte des Jahres die Bevölkerung nur für vier Monate ernähren. Die Dolpo-pa, die Bewohner des Dolpo, müssen Getreide aus Rong heraufholen, dem Land der Täler, das sie gegen Salz aus den tibetischen Seen tauschen.

S. 76–77: Nördliches Dolpo, Saldang 4200 Meter Höhe. Die mit der Sichel geschnittene Gerste wird zu Garben gebunden und nach dem Trocknen gedroschen. Auf den Umgängen der Flachdachhäuser werden die kostbaren Wacholdersträucher aufbewahrt, mit denen man das Feuer für die Yak-Fladen entzündet. Die in diesen Höhen sehr seltenen Bäume werden mit Mauern vor den Tieren geschützt. Sie liefern einen Teil des Bauholzes für die Häuser. Der Rest wird auf dem Rücken von Yaks oder Menschen aus den Waldregionen des Südens herangeschafft.

S. 78/83: Nordost-Nepal, 2500 Meter Höhe, 1976. Hirseernte im Arun-Tal. Am Abend werden die *doko*, Tragekörbe aus Bambusgeflecht, ins Dorf gebracht, gefüllt mit kleinen braunen Ähren, die man hier »kleine Hände« nennt. Die junge Bhotia-Frau trägt typisch indische Glas-Armbänder, aber auch eine weiße Seemuschel, die traditionell von den Tibetern geschätzt wird.

S. 79–82: Nordost-Nepal, 1980. Nachdem der junge Mann den Weizen mit seinem schweren Dreschflegel gedroschen hat, wird er von dem Mädchen gereinigt, um die Spreu von den Körnern zu trennen.

S. 84–85: Nördliches Dolpo, 4800 Meter Höhe. Weiden von Shey. Puti Onguro und seine beiden Töchter unter dem Zelt aus Yak-Haar auf der Sommerweide. Die Mutter bereitet Joghurt zu.

S. 86–87: Nördliches Dolpo, Bagala-Pass, 5300 Meter Höhe, 1991. Tinle, Händler und Dorfoberhaupt, der Éric Valli zu seinem Film *Himalaya* inspirierte, mit einem Pferd aus Jumla, das er im folgenden Sommer in Tibet verkaufen wollte.

S. 88–89: Hochalm im Dolpo, 1987. Um die Ziegen und Schafe zum Melken ruhig zu stellen, werden sie an den Hörnern zusammengebunden.

S. 90–95: Dolpo, Saldang, 4200 Meter Höhe. In einigen Dörfern des nördlichen Dolpo wird das aus Tibet kommende Bogenschießen sowohl als Geschicklichkeitsspiel und als Festvergnügen als auch zum Austreiben böser Geister betrieben. Der Bambus für das Holz und die Pfeile kommt aus Rong, dem Land der Täler im Süden. Die Fiederung besteht aus Geierfedern. Das Schulterblatt eines Schafs, das als Ziel dient, symbolisiert das Herz des Dämonen. Jeder Mitspieler bringt sein Gerstenbier in großen Gefäßen und eine *kata*, eine Ehrenschärpe aus weißer Seide, mit, die den Sieger zieren wird.

S. 96–97: Mugu in Westnepal, 3650 Meter Höhe, 1986. Im Marktflecken Mugu leben Tibeter. Die umgebenden Birken- und Nadelwälder liefern Bau- und Brennholz, das zum Trocknen auf die Dachterrassen gelegt wird. Bis zur Schließung der tibetisch-nepalesischen Grenze lebten die Mugal in Wohlstand. Sie besaßen große Ziegen- und Schafherden, die sie in Tibet auf die Sommerweide führten und tauschten mit ihren Nachbarn Salz und Wolle gegen Getreide.

S. 98–99: Dolpo-pa während der Wanderung nach Süden. Der Sohn eines Lama trägt einen Psalm vor, mit dem er die Göttin Drolma anruft und um den Schutz der Reisenden bittet.

S. 105: Dolpo, 1992. Zwei Yaks kämpfen miteinander.

S. 106–107: Nördliches Dolpo, 1984. Tundrup, Reisegefährte von Tinle Lundrup, bepackt die Yaks, die 50 bis 80 Kilogramm Salz tragen.

S. 108–109: Westnepal, 1991. Eine junge Chetri-Frau kommt aus dem Süden zurück in ihr Dorf im Chaudabise-Tal. Sie bringt Stoffe und einen Hahn mit.

S. 110–111: Lha-Yaks (weiße Yaks) sind selten und gelten oft als heilig. Sie dürfen edle Lasten tragen, aber niemals Kleider oder Schuhe. Man schlachtet sie auch nicht, sondern sie sterben eines natürlichen Todes.

S. 112–113: Nördliches Dolpo, 5300 Meter Höhe, 1981. Aufbruch aus dem Biwak in Choutang. Der sommerliche Monsunregen lässt auch in diesen Höhen Gras und Blumen üppig sprießen.

S. 114–115: Südliches Dolpo, 3800 Meter Höhe, 1981. Aufstieg zum Baga-Lha-Pass. Bis Anfang der achtziger Jahre stiegen die Rong-pa, die Talbewohner, mit ihren Schafen und Ziegen ins Dolpo hinauf. Sie beluden die Tiere mit Getreide, das sie mit Gewinn gegen tibetisches Salz tauschten.

S. 116–117: Westnepal, 1992. Nanda Lal raucht seinen *chilam*. In Westnepal werden Entfernungen oft anhand der gerauchten *chilam* bestimmt, wobei zehn *chilam* etwa einer Tagesreise entsprechen. Alle Kleider der Hirten sind aus der Wolle ihrer Tiere gewebt. An Nanda Lals Kragen ist die lange Ahle befestigt, unverzichtbares Instrument eines jeden Hirten zum Ausbessern von Schnüren und Säcken.

S. 118–119: Südliches Dolpo, 1991. Eine Salzkarawane erreicht die ersten Wälder des südlichen Himalaya. Die Birken, Eichen und Tannen auf den Hängen über dem Chaudabise-Fluss liefern Bau- und Brennholz sowie Viehfutter. Die Wälder sind die wichtigste Energiequelle Nepals.

S. 120–121: Westnepal, Dailekh-Gebiet, 2000 Meter Höhe, 1992. Ein Chetri-Hirte kehrt mit seinen Schafen, die mit roten Bohnen beladen sind, in das Chaudabise-Tal zurück. Mit dem langen Bambusstock hält er die Herde zusammen. Tausende von Schafen, die mit acht bis zwölf Kilogramm schweren Säcken beladen sind, pendeln in Karawanen zwischen dem Himalaya-Vorland und dem Süden hin und her. Sie bringen den Bewohnern lebensnotwendige Waren und können unterwegs weiden.

S. 122–123: Dullu-Gebiet, 1991. Ein Baby schläft in der Rückentrage seiner Mutter. Ein Netz schützt es vor dem Herausfallen.

S. 124–125: Dolpo, Dezember 1992. Tinle Lundrup treibt seine Yaks auf den 5400 Meter hohen Kagmara-Pass hinauf (»der Pass, an dem die Krähen verenden«). Die Yak-Karawanen verlassen das Dolpo nach der Gerstenernte. Nach einer drei- bis vierwöchigen Reise über die höchsten Pässe der Erde verbringen Menschen und Tiere fünf bis sechs Monate im Süden, wo Waren getauscht werden und die Tiere weiden können. Mit Getreide beladen ziehen die Karawanen im Mai nach der Schneeschmelze wieder in das Dolpo hinauf.

S. 126–127: Westnepal, Surkhet-Gebiet, 2500 Meter Höhe, 1991. Die Eichen- und Nadelwälder sind die meiste Zeit des Jahres in Wolken eingehüllt, weshalb eine hohe Luftfeuchtigkeit herrscht. Dies ist der typische Regenwald der subtropischen Berge, in dem Moose, Farne, Lianen und Epiphyten gedeihen. Besonders während der Regenzeit ist er sehr schwierig zu durchqueren. Hier zieht gerade eine Karawane durch den Wald. Die Hunde, die die Schafe vor Leoparden schützen, tragen mit Eisenstacheln versehene Halsbänder. Damit die Wolle der Schafe eine gute Qualität hat, müssen die Hirten einen Mittelweg zwischen kühlem Klima und gutem Weideland finden. Die Herden ziehen im Winter Richtung Süden, bleiben aber dennoch auf den kalten Höhen.

S. 128–129: Südwest-Nepal, 1991. Chetri-Hirten wärmen sich an den letzten Flammen des Lagerfeuers, bevor sie mit ihren Schafen aufbrechen.

S. 130–131: Zentralnepal, 1985. Zwei Gurkha-Veteranen der britischen Streitkräfte, die während des Zweiten Weltkriegs in Europa dienten, mit ihren Nachkommen und ihren Auszeichnungen vor dem Haus.

S. 132–133: Südliches Dolpo, 1992. Ein Dolpo-Kind wühlt sich am frühen Morgen aus seinen Decken, während Renzing Dorje die Maissuppe zubereitet.

S. 134–135: Der Annapurna, 8091 Meter hoch, mit einer Wolkenkappe, die einen Wettersturz ankündigt. Der Himalaya, das höchste Gebirgshindernis der Welt, wurde trotzdem immer von Menschen überquert, die so einen Kulturaustausch zwischen dem zentralen und dem südlichen Asien ermöglichten.

S. 136–137: Südliches Dolpo, 1981. Die Yaks, die praktisch niemals schlafen, dürfen nachts frei weiden. Am Morgen brauchen die Hirten mehrere Stunden, um sie zu suchen und wieder ins Lager zu bringen.

S. 138–139: Westnepal, 1992. Schaf-Karawane auf dem Kamm des Balu Lekh, des »Bärenbergs«.

S. 140–141: Westnepal, 1992. Nanda Lal, der eine Spindel in der Hand hält, streichelt den *lamba*, den Leithammel der Herde, der an seiner roten Maske zu erkennen ist.

S. 142–143: Nordost-Nepal, 1978. Ein schwer beladener Träger überquert einen *passam*, eine Brücke aus geflochtenen Bambusseilen. Während des Monsuns sind die Flüsse besonders reißend und die Überquerung einer solchen Hängebrücke ist noch aufregender als sonst.

S. 149: Nordost-Nepal, Januar 1977. Danene, Vallis erster Freund unter den Bhotia, betrachtet die ersten Schneeflocken. In seinem Gürtel steckt ein mächtiger Khukri.

S. 150–151: Dolpo, Mai 1994. Yaks und Menschen bei der Rast am Kagmara-Pass in 5400 Metern Höhe.

S. 152–153: Westnepal, Balu Lekh (»Bärenberg«), 3400 Meter Höhe, 1992. Ein Chetri-Hirte trägt ein Schaf, das sich das Bein gebrochen hat.

S. 154–155: Dezember 1987. Kurz vor der Ankunft in den ersten Dörfern des Südens wird eine Yak-Karawane von einem Schneesturm überrascht.

S. 156–157: Chyakhure Lekh, Westnepal, 1992. Im Karnali-Gebiet trennt die 4000 Meter hohe Chyakhure-Kette die subtropische Klimazone im Süden, die im Sommer durch die Monsunniederschläge gut bewässert ist, von den mittleren Jumla-, Humla- und Mugu-Bergen im Norden, wo das Klima wesentlich trockener und kälter ist. Sie wird aber regelmäßig von Wanderherden und Händlern überquert, die zwischen der tibetischen und der indischen Grenze pendeln. Im Hintergrund die verschneiten Gipfel des Sisne Himal und des Kanjiroba.

S. 158–159: Mutter und Tochter treiben ihre Lasttiere zum Dorf.

S. 160–165: Nordost-Nepal, 1979. Während eines Schneesturms laden tibetische Yak-Treiber nach der Rückkehr in ihr Dorf das Getreide von ihren Tieren ab, das sie auf der anderen Seite der Grenze gegen Salz getauscht haben.

S. 166: Nordwest-Nepal, 1997. Ein Hirte mit seinem Yak im Unwetter. An seinem Gürtel hängt sein *metchak*, ein tibetisches Feuerzeug, das aus einem Lederbeutel mit Feuerstein, Werg und Feuerstahl besteht.

S. 167–169: Nordost-Nepal, 1979. Eine Yak-Karawane wird vom Unwetter überrascht. Der schneeverwehte Weg muss von den Menschen freigeräumt werden. Wenn der Schnee zu hoch liegt, finden die Tiere nichts mehr zum Weiden. Dann müssen sie von den Treibern mit Hilfe eines Yak-Horns mit einer salzigen Suppe aus Brennnesseln und Gerstenmehl gefüttert werden.

S. 170: Nordost-Nepal, 1978. Die älteren Kinder kümmern sich um ihre kleinen Geschwister. Ein junges Bhotia-Mädchen sieht mit seinem Bruder von der Terrasse ihres Hauses aus zu, wie sich die Yaks im Schnee entfernen.

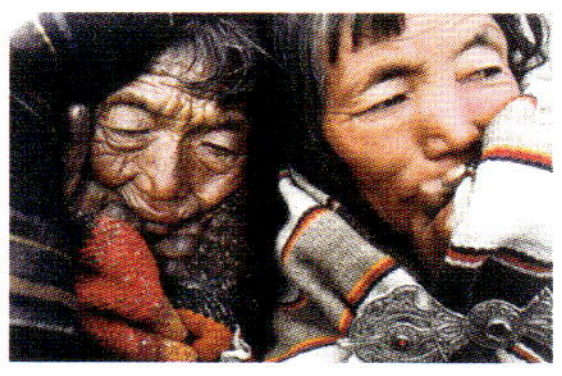

S. 172–173: Nördliches Dolpo, 1996. Auf einer Passhöhe drängen sich zwei Frauen aneinander, um sich zu wärmen.

S. 174–175: Lagno-Shey-Pass, Dezember 1997. Während der Drehabeiten zu dem Film *Himalaya. Die Kindheit eines Karawanenführers* lässt die Karawane die Berge hinter sich, kurz bevor das Unwetter beginnt.

S. 176–177: Lagno-Shey-Pass, 5400 Meter Höhe, Mai 1992. Treiber schützen sich vor dem Unwetter.

S. 178–179: Eine Schaf-Karawane auf dem beschwerlichen Weg zum Balu Lekh, dem »Bärenberg«.

S. 180–183: Dolpo, 1984. Yak-Karawanen am Ringmo-See in 3600 Meter Höhe. Bald werden Menschen und Tiere bei den Chetri angelangt sein, bei denen sie Salz gegen Getreide tauschen.

S. 184–185: Nördliches Dolpo. Abstieg vom Tuje-La-Pass. Schon Kinder bereisen mutig die Getreidestraße.

S. 186–187: Westnepal, 1992. Nach einer sechsmonatigen Reise kommt Mani Lal im Frühjahr wieder im heimatlichen Chaudabise-Tal an, wo die Feldarbeit ihn erwartet.

S. 193: Westnepal, Jumla-Gebiet, 1992. Ein Mann aus der Schneider- und Musikerkaste der Damai mit seiner Oboe während einer Totenfeier, hinter ihm sein Sohn. Auf seiner Jacke trägt er Ehrenzeichen.

S. 194–195: Südwest-Nepal, Surkhet-Gebiet, 1992. Eine Schaf-Karawane erreicht eine Straße in Richtung Süden, die gerade neu gebaut wird.

S. 196–199: Westnepal, 1992. In dem Marktflecken Dailekh treffen zwei Welten aufeinander: Wanderschäfer und Sesshafte. In solchen Hauptorten, in denen sich der Handel konzentriert, hat die nepalesische Regierung einen Verwaltungssitz.

S. 200–203: Der Ort Talphi im Chaudabise-Tal in Westnepal, 1992. Eines der Dörfer des Tals, in denen Salz und Korn den Besitzer wechseln.

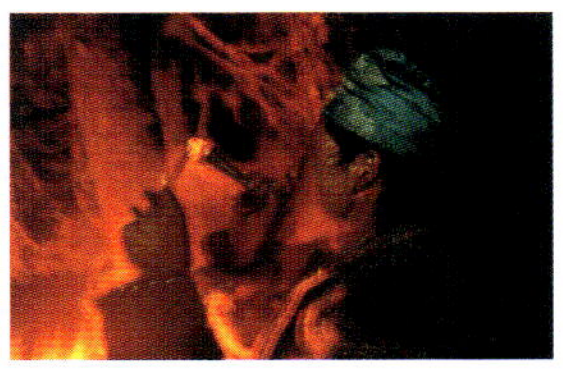

S. 204–205: Westnepal, 1991. Im Schein eines großen Feuers raucht ein Hirte im Wald einen *chilam*, während er seine Herde bewacht, um sie vor Wölfen und Leoparden zu schützen.

S. 206: Nordwest-Nepal. Eine Dolpo-Frau mit ihrem Schmuck aus Silber, Korallen, Bernstein und Türkisen.

S. 207: Frau aus dem Dolpo.
S. 209: Gurung-Schäfer, eingehüllt in einen Filzumhang.

S. 208: Nordwest-Nepal. Auf der Wanderung nach Süden hat ein Mädchen, das in einen für das Dolpo typischen Umhang gehüllt ist, *totcha* aufgetragen, eine Schminke auf der Grundlage von Wurzelabkochungen, die die Augen vor der grellen Sonne schützt.

S. 210: Bauer aus dem Dolpo, 1991.

S. 211: Barta, der beim Angriff eines Bienenschwarms ein Auge verloren hat. Sein Nachfolger ist sein Sohn Mani Lal.

S. 212–213: Westnepal, Dullu-Gebiet, Oktober 1992. Nach dem Monsun streichen Mutter und Tochter das Haus mit rotem Lehm und Kalk.

S. 214–215: Pfeifenraucher in Tarap, Dolpo, 1991.

S. 216–217: Frau aus dem Dolpo.

S. 218–219: Westnepal, Surkhet-Gebiet, 1992. Der Briefträger mit dem Postsack auf dem Rücken und einer Lanze mit Schellen, die sein Kommen ankündigen.

S. 220–221: Eine junge Chetri-Frau trinkt Wasser aus einem *teki*, einem Holzgefäß.

S. 222–223: Tarap-Tal, Dolpo, Sommer 1992. Ein Bettler lässt während des Sommerfests seine Gebetsmühle kreisen.

S. 229: Nordost-Nepal, 1980. Ein Lama führt auf dem Dach eines Hauses ein Getreideopfer für die lokalen Götter durch, um die bösen Geister zu vertreiben.

S. 230–231: Nördliches Dolpo, Kloster Tsakang, 4700 Meter Höhe, 1997.

S. 232–233: Nordost-Nepal. Tinle Wangchouk mit einem *dorje*, was »Donnerkeil« oder »Diamant« bedeutet. Er symbolisiert im tantrischen Buddhismus das männliche Prinzip; dem weiblichen entspricht die Glocke.

S. 234–235: Nördliches Dolpo, Sommer 1981. Pilger werfen sich bei der jährlichen Wallfahrt zum August-Vollmond vor dem Kristallberg nieder. Der *lapse*, ein Steinkegel, über dem Gebetsfahnen wehen, symbolisiert den Sitz der Götter. Hier werden die Hörner der wertvollsten Yaks aufgeschichtet, um ihnen eine bessere Reinkarnation zu ermöglichen.

S. 236–237: Nordost-Nepal, 1976. Bei einer Totenfeier tragen Bhotias auf Schalen mit Butterlampen Blumen- und Getreideopfer.

S. 238–239: Kloster Trimyer, nordwestliches Dolpo, 1981. Das Kloster steht dicht an einer Felswand in der Barbung-Schlucht, einem der vier Täler des Dolpo. Es schmiegt sich an eine spektakuläre Faltung von marinen Kalksedimenten des früheren Tethys-Meeres.

S. 240–241: Dolpo, Tarap-Tal, 1981. Der Lama Pema Tenzing ist *ngagpa*, tantrischer Priester. Er trägt eine Glimmerbrille, Souvenir einer früheren alpinen Expedition.

S. 242–243: Dolpo, Tsakang Gompa, 1994. Tenzing Chögyal beim Gebet vor einem Sarg mit den sterblichen Überresten des Lamas Shey, die in Salz konserviert wurden. In manchen Klöstern werden die mumifizierten Leichname heiliger Männer, die mit Blattgold bedeckt sind, als Reliquien ausgestellt.

S. 244–245: Nordost-Nepal, 1978. Ein Lama liest bei einer Bestattungszeremonie aus dem tibetischen Totenbuch. Dieser Text geleitet die Seele des Verstorbenen bei ihrer 49-tägigen Reise, die sie von ihrer nächsten Inkarnation trennt.

S. 246–247: Westnepal, 1992. Im Chaudabise-Tal führt *Kal Das Chetri*, das Orakel des Gottes Masta (durch die ihn umgebenden Holzfiguren repräsentiert) eine Divination mit Getreidekörnern durch, um den günstigsten Zeitpunkt für den Aufbruch der Schaf-Karawane seines Vaters Nanda Lal zu bestimmen.

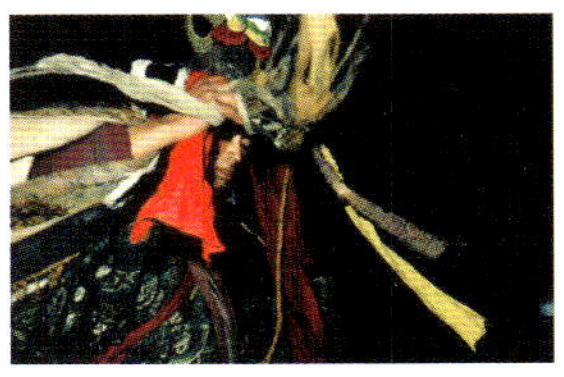

S. 248–249: Nordost-Nepal, 1979. Lama Promouke tanzt in einem Kloster, um Dämonen zu vertreiben.

S. 250–251: Nordöstliches Nepal, 1978. Um dem Toten zu bedeuten, dass er nun einer anderen Welt angehört und nicht zu den Lebenden zurückkehren soll, verbrennt der Lama ein Papier, auf dem sein Name geschrieben steht.

S. 252–253: Der Newar-Ort Tetcho im Kathmandu-Tal, 1976. Die Tänzer verkörpern beim hinduistischen Nau-Durga-Fest die blutrünstigen Gottheiten.

S. 254–255: Nördliches Dolpo, Yang Sher Gompa, 1992. Guru Drakpa und seine Gehilfen tanzen um ein Feuer, in dem während eines Exorzismus das Bildnis des Dämonen verbrannt werden wird.

S. 256–257: Nördliches Dolpo, 1981. Lama Nyingmapa aus dem Dorf Phijer.

S. 258–259: Nordost-Nepal, 1980. Tibetisches Totenritual. Die Götter und Dämonen des Baldachins stellen die Wesen dar, die dem Verstorbenen bei seiner 49-tägigen Reise durch den Bardo begegnen werden. Bardo nennt man das Zwischenreich, das ihn von seiner nächsten Inkarnation trennt.

S. 265: Zentralnepal, 1985. Nanda Lal Gurung und sein Bruder Sri Lal mit ihren Bambusrohren für die Honigernte und ihren alten Gewehren. Ihr Erntegebiet ist der Wald, der sich am Fuß des Himalaya in einer Höhe von 2500 bis 3800 Metern hinzieht. Die Gurung schützen sich in weiten Filzumhängen vor Kälte und Regen.

S. 266–267: Südwest-Nepal, 1996. Der Tarai in der Gangesebene an der indisch-nepalesischen Grenze. Die Salbäume, *Shorea robusta*, die sich hier aus dem Morgennebel erheben, bedecken auch heute noch einen Teil des westlichen Tarai. Die mächtigen Tropenbäume, deren hochwertiges Holz vor allem für Bauzwecke verwendet wird, können 30 bis 40 Meter hoch werden. Der Tarai mit seinen dichten Salwäldern, der noch bis in die fünfziger Jahre Sumpfgebiet war, stellte in der Vergangenheit eine Barriere dar, die noch schwieriger zu überwinden war als der Himalaya, und schützte Nepal dadurch vor feindlichen Übergriffen. Ab 1952 führte die Weltgesundheitsorganisation eine Kampagne zur Ausrottung der Malaria durch, wobei die Tarai-Ebene weitgehend entwaldet wurde. Sie ist heute die Kornkammer Nepals und durch den Zustrom von Menschen aus den Bergen die am dichtesten besiedelte Region des Landes.

S. 268–269: Zentrales Nepal, 1985. Gurung-Kinder.

S. 270–271: Zentralnepal, 1987. Eine Gurung-Frau raucht unter dem Vordach ihres Hauses Wasserpfeife.

S. 272–275: Zentralnepal, 1987. Medge Gurung ist im Frühling in den blühenden Rhododendron-Wäldern auf Goral-Jagd (*Nemorhaedus goral*). Das Fell des Tiers wird zwischen Bambusstangen zum Trocknen aufgespannt.

S. 276–277: Zentralnepal, Gebiet der Tamang, 1988. Der Khukri, ein schwerer Krummdolch, den jeder Nepalese aus dem Bergland in seinem Gürtel trägt, wurde zum Emblem der Gurkha-Soldaten.

S. 278–279: Ein Dorfbewohner aus dem Stamm der Gurung hilft bei der Honigernte.

S. 280–281: Zentralnepal, 1985. Bim Bahadour Gurung kommt mit einer Beute ins Lager.

S. 282/287: Mani Lal Gurung, auf dessen Wange eine Biene sitzt, macht zwischen zwei Honigernten Rast. Die *Apis laboriosa* ist die größte Biene der Welt.

S. 283–286: Zentralnepal. In Schwindel erregender Höhe erntet Mani Lal auf einer Leiter Honig, indem er ihn mit langen Bambusrohren aus den Bienennestern abzapft. 12 000 Jahre alte Felsbilder belegen, dass dies ein sehr altes Verfahren ist.

S. 288: Krishna hat eine *boka* entzündet, ein Bündel Reisig mit Laub, dessen Rauch die Menschen vor dem Angriff der Bienen schützt.
S. 289: Mene Bahadur Gurung, der Leiterträger, schützt sich mit seinem Wollumhang vor dem Angriff der Bienen.

S. 290–291: Der Raja Shimal, der König der Bäume, wie ihn die Raji nennen, wird 50 Meter hoch. Der Stamm erreicht einen Umfang von über 20 Metern. Während der Saison beherbergt er Hunderte von Bienenvölkern, deren Nester man hier auf den Ästen sieht. Bahadur, der Führer eines Sammlertrupps, bereitet hier seine *hoka* vor.

S. 292–293: Die Bauern aus der Umgebung haben sich zusammengefunden, um dem Schauspiel der Honigjäger zuzusehen und um Reis, Gemüse und Alkohol gegen Honig einzutauschen. Sie werden oft von den Bienen angegriffen.

S. 294–295: Im Gegensatz zu den Gurung, die den Honig von steilen Felsen holen, ernten die Raji ihn auf Bäumen. Das Einräuchern der Bienenstöcke führt zu einer wahren Insekten-Explosion.

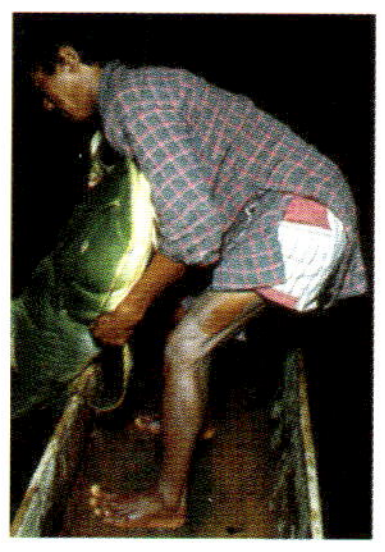

S. 301: Westnepal. Krishna, ein Raji-Fischer, zieht einen *tere* aus dem Fluss.

S. 302–303: Der Fluss Sun Kosi in Ostnepal, 1976. Im Frühnebel überqueren Träger in Einbäumen den Fluss.

S. 304–307: West-Nepal, 1996. Flussfahrt im Einbaum.

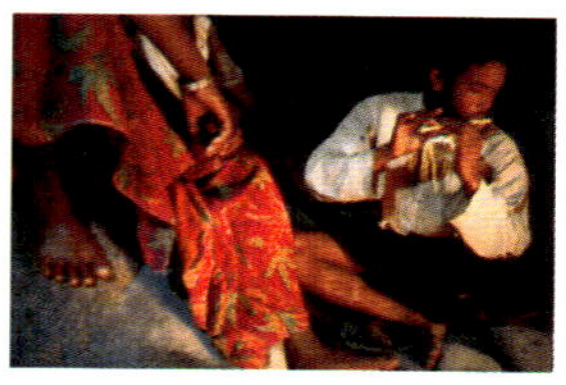

S. 308–309: West-Nepal, 1998, Raji-Biwak.

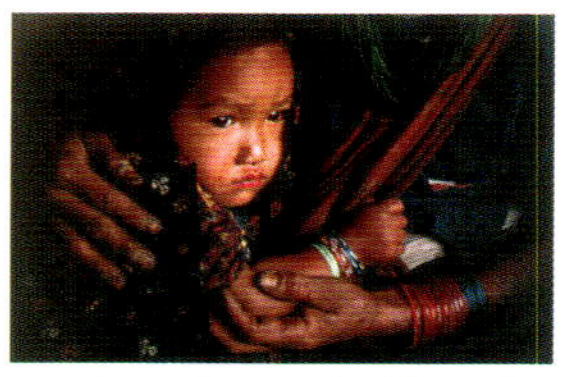

S. 310–311: Zentralnepal, 1986. Ein Gurung-Mädchen schläft im Arm seiner Mutter.

S. 312–313: Westliches Nepal, 1996. Ein Raji auf seinem Pirogen.

S. 314–315: Zentralnepal, 1992. Der Himalaya-Urwald unter den Monsunwolken.

S. 316–319: Südwest-Nepal, 1994. Einige Rana-Tharu-Frauen beim Fischfang.

S. 320–321: Westnepal, 1998. Blick in ein großes Chaudhari-Tharu-Haus. Die riesigen irdenen Getreidekrüge teilen die einzelnen Räume ab. In diesem Haus leben ungefähr 60 Personen.

S. 322–323: Südöstliches Nepal. Khoya, eine junge Rana-Tharu-Frau, flicht sich die Haare vor dem Fest.

S. 324–325: Südwest-Nepal, 1994. Rana-Tharu-Frauen beim Fischfang.

S. 326–327: Westnepal, 1998. Freiluftschule bei den Rana Tharu.

S. 328–329: Südöstliches Nepal. Eine Rana-Tharu-Frau restauriert die Flachreliefs an ihrer Hauswand.

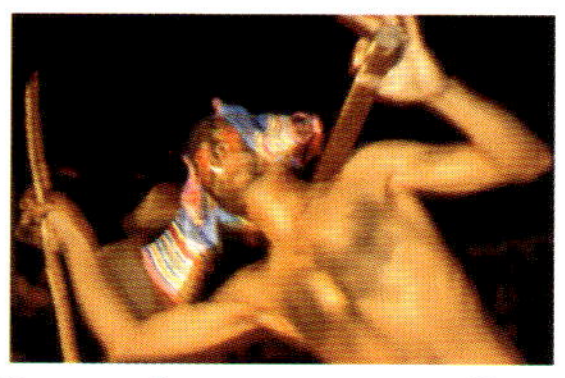

S. 330–331: Westnepal, 1998. Bei Vollmond verkleiden sich Rana-Tharu-Männer und improvisieren Theaterstücke (*rag-ni*), bei denen sexuelle Pantomimen großen Erfolg haben.

S. 332–333: Westnepal, 1993. Einige Rana-Tharu-Mädchen schminken sich in ihrem Haus, das mit Flachreliefs geschmückt ist. Ein an der Wand aufgehängter Korb schützt das dort hinein gesetzte Geflügel nachts vor Raubtieren.

S. 334–335: Westnepal, 1991. Eine junge Rana-Tharu-Schönheit mit ihrer Tante. Die Herkunft der Rana ist ungeklärt. Sie haben indische und mongolische Züge.

S. 341: Ostnepal, 1977. Nach der Reisernte und vor der Aussaat des Winterweizens im November werden die Hügelterrassen für die nächste Feldbestellung unter Wasser gesetzt.

S. 342–343: Kathmandu-Tal, 1984. Ein Mann ruht sich auf einem Platz in Bhaktapur aus.

S. 344–345: Kathmandu-Tal, 1982. Pilger aus dem Dolpo umrunden den mit Gebetsfahnen geschmückten Stupa von Bodnath.

S. 346–347: Kathmandu-Tal, 1983. Der hinduistische Wallfahrtsort Pashupatinath am Bagmati-Fluss. Ein Sadhu hüllt sein langes Haar in einen Turban.

S. 348–349: Kathmandu-Tal, 1987. Alltagsszene in der Newar-Kleinstadt Bhaktapur.

S. 350–351: Kathmandu, 1993. Altes Brahmanen-Paar.

S. 352–353: Nördliches Zentralnepal, 1987. Der Gipfel des Nilgiri in den ersten Sonnenstrahlen.

S. 354–359: Bhutan, 1985. Arbeiter auf den Straßen durch den Himalaya. Diese Straßen, die Tag für Tag weiter in die Berge hineingebaut werden, müssen wegen des Monsuns ständig ausgebessert werden. Sie verändern die Lebenswelt grundlegend.

S. 360–361: Zentrales Nepal, 1984. Das Muktinath-Tal im Sommer. Die Dörfer sind umgeben von vielfarbigen Buchweizenfeldern.

S. 362–363: Kathmandu-Tal, Pashupatinath, 1982. Am Bagmati-Fluss bereitet ein Kahlgeschorener nach indischer Sitte den Leichnam seines Vaters zur Verbrennung vor. Den Scheiterhaufen wird er selbst entzünden.

S. 364–365: Kathmandu-Tal, Pashupatinath, 1982. Morgendliche Waschung am Bagmati-Fluss, der vom Monsunregen angeschwollen ist.

S. 366: Kathmandu-Tal, 1983. Sadhu und Sanyasi vor ihrer Unterkunft beim Fest des Shiva Shivaratri in Pashupatinath.

S. 367: Kathmandu-Tal, 1980. Tempel bei Sonnenaufgang. Es scheint, dass diese Bauweise mit Pagodendach von Newar-Architekten im Kathmandu-Tal entwickelt wurde, bevor sie nach China gelangte.

S. 368–369: Kathmandu-Tal. Newar-Fest, bei dem die Menge Bildnisse der Götter durch die Straßen trägt.

S. 370–371: Kathmandu-Tal, 1978. Tänzer unterwegs in Tetcho beim Nau-Durga-Fest. Sie verkörpern Göttinnen.

S. 372–373: Kathmandu-Tal. Darstellung eines Paars an einer Säule des Tempels von Panauti.

S. 374–375: Kathmandu-Tal, 1981. Eine Newar-Frau massiert ihr neugeborenes Kind im Hof ihres Hauses, wo Mais und rote Chilischoten zum Trocknen ausgebreitet sind.

S. 376–377: Kathmandu-Tal, 1981. Bauern vor ihren Häusern, vor denen Mais und Chilischoten trocknen.

S. 378–379: Zentralnepal, 1981. Der Ort Muktinath mit seinen Gerstenfeldern unter dem Torong-La-Pass, 5415 Meter hoch, hinter dem Annapurna-Massiv.

BIBLIOGRAFIE

KAPITEL 1

Fort, M., »La surrection permanente«, *Autrement, HS, Himalayas*, Nr. 28, Februar 1988, S. 51–54.
Fort, M., »La montagne mise à nu«, *Autrement, HS, Himalayas*, Nr. 28, Februar 1988, S. 55–63.
Ives, J. D. / Messerli, B., *The Himalayen Dilemma. Reconciling Development and Conservation*, London / New York, Routledge, 1989.
Mascle, G. / Delcaillau, B. / Hérail, G., »La formation de l'Himalaya«, *La Recherche*, Bd. 21, Nr. 217, Januar 1990, S. 30–39.
Bilham, R., »The Next Great Earthquake«, *Himal*, Mai-Juni 1994, S. 26–30.
Pradhan, S., »Earthquakes be damned«, *Himal*, Januar 1999, S. 27.
Landon, P., *Nepal*, Bd. I und II, Bibliotheca Himalayica, Serie I, Bd. 16, Kathmandu, Ratna Pustak Bhandar, 1976 (1928).

KAPITEL 2

Adhikary, S. M., *The Khasa Kingdom. A trans-Himalayan Empire of the Middle Age,* Jaipur, Neu Delhi, Nirala Publications.
Allen, C., *The search for Shangri-La,* London, Little Brown and Company, 1999.
Gaborieau, M., *Le Népal et ses populations,* Paris, PUF, 1978.
Hodgson, B. H., *Essays on the Languages, Literature, and Religion of Nepal and Tibet,* Neu Delhi, Manjusri Publishing House, 1972 (1874).
Oppitz, M., »Myths and Facts: Reconsidering some data concerning the clan history of the Sherpas«, *Kailash,* Bd. 2, 1974, 1&2, S. 121–131.
Ramirez, P., *De la disparition des chefs. Une anthropologie politique népalaise,* CNRS Éditions, 2000.
Sardar-Afkhani, H., »An account of Padma-bkod: A Hidden Land in Southeastern Tibet«, *Kailash,* Bd. 18, 1996, Nr. 3 & 4 , S. 1–22.

KAPITEL 3

Caborieau, M., *Le Népal et ses populations*, Paris, PUF, 1978.
Reinhard, J., »Shamanism among the Raji of Southwest Nepal«, in Hitchcock, J. T. & Jones, R. L. (Hg.), *Spirit possession in the Nepal Himalayas,* Warminster, Aris and Phillips Ltd, 1976, S. 263–292.
Bista, D. B., *The peoples of Nepal,* Kathmandu, Ratna Pustak Bhandar, 1980 (1967).
Ramirez, P., *De la disparition des chefs. Une anthropologie politique népalaise,* CNRS Éditions, 2000.
Tiwari, Bhimnidhi, *Silanyas (La Pierre de fondation), Shripanchko sarkar pracar trasar mantralaya samskriti bibhag,* 1967 (2023 V. S.), 1943 (2000 V. S.).

KAPITEL 4

Karmay, S., *The Precious Treasury of Good Sayings: A Tibetan History of Bon,* London, OUP, 1972.
McHugh, E. L., »Culture and the Transformation of Suffering among the Gurungs of Nepal«, in C. Ramble und M. Braun (Hg.), *The Anthropology of Tibet and the Himalaya,* Zürich, Ethnologisches Museum der Universität Zürich, 1993, S. 208–214.
Mumford, S. R., *Himalayan Dialogue. Tibetan Lamas and Gurung Shamans in Nepal,* Wisconsin, The University of Wisconsin Press, 1989.
Pignède, B., *Les Gurung, une population himalayenne du Népal,* Paris, Mouton, 1966.
Sagant, P., »Le chamane assoupi« in M. Gaborieau und A. Thorner (Hg.), *Asie du Sud, Traditions et Changements,* Colloques internationaux du CNRS, Éditions du CNRS, 1979, S. 243–247.
Samuel, G., »Shamanism, Bon and Tibetan Religion«, in C. Ramble und M. Braun (Hg.), *The Anthropology of Tibet and the Himalaya,* Zürich, Ethnologisches Museum der Universität Zürich, 1993, S. 318–330.

KAPITEL 5

Sagant, P., »L'hindouisation des Limbu« in A. W. Macdonald (Hg.), *Les royaumes de l'Himalaya,* Paris, Imprimerie nationale, 1982, S. 209–239.
Stiller, L. F., *The Rise of the House of Gorkha,* Kathmandu, Ratna Pustak Bhandar, 1973.

KAPITEL 6

Toffin, G., »Chasse interdite«, *Autrement, HS, Himalayas,* Sonderausgabe Nr. 28, 1988, S. 82–89.
Spengen, W. van, *Tibetan Border Worlds, A Geohistorical Analysis of Trade and Traders,* London / New York, Kegan Paul International, 2000.

KAPITEL 7

Aris, M., »Man and Nature in the Buddhist Himalayas«, *Himalayan Environment and Culture*, N. K. Rustomji & C. Ramble (Hg.), Shimla, Indian Institute of Advanced Study, 1990, S. 85–101.

Ives, J. D./Messerli, B., *The Himalayan Dilemma, Reconciling development and conservation*, London/New York, Routledge, 1989.

Milarepa, *Les Cent Mille Chants,* Fayard, 1986.

Ramirez, P., »Densités de populations, modes de subsistance et organisation politique dans l'Arunachal Pradesh (Inde)«, *Péninsule* 35, 1997 (2), S. 47–69.

Smadja, J., »Natural Ressources, Uses and Lanscapes«, *Resunga,* The Mountain of the Horned Sage, Philippe Ramirez (Hg.), Bibliotheca Himalayica Bd. 16, Lalitpur, Himal Books, 2000, S. 198–221.

KAPITEL 9

Whelpton, J., *Jang Bahadur in Europe*, Kathmandu, Sahayogi Press, 1983.

Caplan, L., *Warrior Gentlemen. »Gurkhas« in the Western Imagination*, Oxford, Berghahn Books, 1995.

Dowwman, K., *The Flight of the Garuda. Teachings of the Dzokchen Tradition of Tibetan Buddhism*, Boston, Wisdom Publications, 1994.

ORTS- UND PERSONENREGISTER

Lakpa Gyalzen, Tensing Norbu, Labrang, Sarah, Debra, Éric und die anderen im Himalaya.
© D. Kellner, Lakpa, D. Summer, É. Valli

Bildnachweis

Alle Fotografien in *Himalaya* stammen von Éric Valli.
Abbildungen auf den Seiten 58, 59, 60, 102, 103, 104, 146, 147, 148, 190, 192, 226, 227, 228, 263, 264, 298, 299, 300, 338, 339, 340, 381, 383: © DR
Landkarte Seite 386: © Patrick Mérienne

Danksagung von Anne de Sales

Ich danke Sophie Bessis, Charles Rable und Christiane de Sales für ihre kritische Lektüre der ersten Version meines Textes. Des weiteren möchte ich mich herzlich bedanken bei dem Forscherteam des CNRS »Lebensräume und Völker im Himalaya«: Maria Lecomte-Tilouine, Philippe Ramirez, Joëlle Smadja und Gérard Toffin sowie ihre Bibliothekarin, Pierrette Massonet, haben mich unermüdlich bei der Beschaffung von Informationen und Dokumenten unterstützt.
Schließlich danke ich Monique Fort, die mir dabei geholfen hat, das geologische Szenarium des Zusammenstoßes von Indien und Asien verständlich aufzubereiten.